雨花台烈士传丛书

吴振鹏传

焦惠敏 著

江苏人民出版社

图书在版编目（CIP）数据

吴振鹏传 / 焦惠敏著. -- 南京：江苏人民出版社，
2022.12

ISBN 978 - 7 - 214 - 26443 - 5

Ⅰ. ①吴… Ⅱ. ①焦… Ⅲ. ①吴振鹏（1906—1933）
—传记 Ⅳ. ①K827＝6

中国版本图书馆 CIP 数据核字（2021）第 161341 号

书　　　　名	雨花台烈士传丛书——吴振鹏传	
著　　　　者	焦惠敏	
特 约 审 稿	蒋晓星　郭必强	
责 任 编 辑	薛耀华	
特 约 编 辑	姚江婴	
装 帧 设 计	刘葶葶	
责 任 监 制	王　娟	
出 版 发 行	江苏人民出版社	
地　　　　址	南京市湖南路 1 号 A 楼，邮编：210009	
照　　　　排	江苏凤凰制版有限公司	
印　　　　刷	南京艺中印务有限公司	
开　　　　本	718 毫米×1 000 毫米　1/16	
印　　　　张	7.5　插页 2	
字　　　　数	105 千字	
版　　　　次	2022 年 12 月第 1 版	
印　　　　次	2022 年 12 月第 1 次印刷	
标 准 书 号	ISBN 978 - 7 - 214 - 26443 - 5	
定　　　　价	28.00 元	

（江苏人民出版社图书凡印装错误可向承印厂调换）

目　录

引　子

　　雨花英烈吴振鹏短暂而伟大的一生是令人震撼的。他幼年不幸，父母双亡，从小便在苦儿院中与恶势力斗智斗勇；他革命经历丰富，先后在安庆、上海、江西、江苏、浙江等地领导开展学生运动、青年运动、工人运动；他能力卓越，担任过团中央委员、中共中央苏区中央局成员、中共中央巡视员等重要职务；他才思敏捷，主编团进步刊物《红灯》，并多次在《列宁青年》等杂志上发表文章；他坚忍顽强，即使身染重病依然主动请命，及时传达并执行中央命令，有效地联络和恢复被破坏的党的地下组织⋯⋯

　　不幸的是，1933 年 5 月，吴振鹏因叛徒出卖在上海被捕。面对敌人惨烈酷刑的威逼、高官厚禄的利诱，他始终保持对党的赤胆忠心和坚定的共产主义信念，坚贞不屈、大义凛然。6 月，吴振鹏最终以"零口供"壮烈牺牲在狱中。

　　是什么样的信仰，让共产党人敢于临危受命，不畏牺牲？

是什么样的精神，让共产党人直面生死抉择，英勇就义？

在执笔的过程中，我一遍遍翻阅吴振鹏的英雄事迹，内心的感动和崇敬感油然而生，落在笔下。

"为有牺牲多壮志，敢教日月换新天"，谨以此传告慰烈士英灵。

第一章

童年多舛 投身革命

在苦难中萌发斗争的信念

　　吴振鹏，字翔云，又称吴静生，笔名季冰、振鹏，1906 年 12 月出生于安徽怀宁在城乡（今属安庆市）一个贫困雇农家庭，父亲吴功有，母亲姓名不详。

　　怀宁地处安徽省西南部、长江下游北岸，皖河下游。东临宜秀区，西与潜山市、太湖县相连，北隔大沙河与桐城市相望，南与望江县相连。平日里此地湖光山色两相宜，江河湖水共一色，阡陌交通的田园风光流淌着诗情画意。

　　怀宁是东汉古诗《孔雀东南飞》的故事发生地，是徽剧的发祥地之一，也是中国地方剧种之首——黄梅戏的发源地，素有"戏曲之乡""教育之乡"的美誉。此地人才济济，钟灵毓秀，诞生了书法大师邓石如、清末著名京剧表演艺术家杨月楼、中国共产党主要创始人陈独秀等著名人物。

青运先驱吴振鹏就是在这片人杰地灵的土地上长大的。吴振鹏从小家境贫寒，母亲常年多病丧失了劳动能力，父亲吴功有给地主当长工、做苦力维持着一家人的生活，日子过得极其艰难。父亲除了要干春种秋收的农活外，还要承担东家临时加派的杂役苦差，一年到头也回不了几次家。吴振鹏只能在艰苦的日子里和母亲相依为命。

但是，生活并没有可怜、眷顾这努力挣扎的一家人。在一个风雪交加的夜里，病危的年轻母亲终究在几次痛苦的呻吟之后，不幸离开了年幼的吴振鹏。

从此，吴振鹏便跟着吴功有在东家做童工。看到父亲被重活压弯的脊背、日趋消瘦的身体，懂事的吴振鹏总想为父亲分担点压力。他总是积极主动地干脏活累活，毫不畏惧退缩。他用幼小的肩头扛起生活的苦难，隐忍、坚韧、顽强地一点点长大。

天有不测风云，在吴振鹏 6 岁的时候，父亲因为长期劳累，不堪重负，不幸离世。弥留之际，吴功有将孩子托付给了他的好友王先生，王先生红着眼眶点点头，拉着吴振鹏的小手，哽咽道："老吴，你放心吧，我一定把振鹏当自己儿子一样待他。"

吴振鹏被寄养在王先生家中后，生活依旧极其贫寒，勉强糊口度日，王先生无法供他上学。但是他看出吴振鹏天资聪颖，懂事好学，想起对故友的承诺，决定要送他念书，不能埋没了孩子。王先生多方打听后，得知省苦儿院收养孤儿并教他们识字念书，便于 1917 年 4 月，将吴振鹏送到皖省苦儿院收养，接受初级教育。

苦儿院，又名惰儿院或贫儿院，其主要职能是收养贫困儿童，并教授他们谋生的手艺或知识。苦儿院通常是由个人或慈善组织建立，一般是发起者出资或集资。1917 年，怀宁士绅潘怡然在安庆办起一所皖省苦儿院，收容了 100 多名无父无母流浪街头的孤儿苦童。潘怡然在陕西省当过几年县知事，搜刮了不少民脂民膏，为了继续升官发财，想起了办"慈善事业"，假装乐善好施、为民纾难。皖省苦儿院以"慈善事业"的名目，得到了省政府的赞助及社会的捐助。但是由于层层盘剥，几经克扣，留给孩子们的正常生活经费微乎其微。苦儿院名为收养孤儿，其实对孤儿的管理极其苛刻，院长和教师经常欺辱打骂孩子。孤儿除了刻板单一的学习以外，还要被拉去做苦力，为院办的小工厂加工产品，稍不注意做得不到位就要被体罚，甚至是拳打脚踢，有些体弱多病的孩子经不住折腾，常常被虐待得奄奄一息，这种情况下才勉强被送去治疗，后来落下残疾的孤儿比比皆是。这一切在吴振鹏幼小的心灵里烙下了深深的印记，也萌发了他后来反抗旧社会，与命运作奋勇斗争的种子。

　　孤儿院的食宿标准也是极度不公平，院长和部分教师吃的是新鲜卫生的饭菜，睡的是干净厚实的被褥；孤儿们吃的全是臭米烂菜，还常常吃不饱。夜里睡觉，夏天总是被蚊虫叮咬；冬天则薄褥破被，根本难以御寒。吴振鹏对此特别愤慨，他无法理解：明明生活在同一片天地，为什么我们如此辛苦劳作，换来的却是这样不公平、不人道的日子？

　　为了吃到白米饭，孩子们经常与教师、院长斗智斗勇。吴振鹏也常常参与其中。这些小斗争锻炼了吴振鹏的勇气和意志，启发了他的智慧，他开始明白：想要获得应有的权利，必须敢于斗争！善于斗争！

成为安徽省学生联合会委员

　　经过在苦儿院多次斗争的历练后，吴振鹏开始主动接触、参加安庆当地的相关"斗争活动"，并逐步崭露头角，结识了许多进步青年学生。

　　1919年五四运动爆发，北京学生爱国行动的消息传到安徽学界，学生们得知中国外交失败，个个义愤填膺、怒火中烧。5月18日下午1时许，安庆各中小学师生2400余人在公共体育场集会，手持"争回青岛""灭除国贼""提倡国货""抵制日货""誓雪国耻"等各色小旗，会议决定正式成立安庆学生联合会。会后，浩浩荡荡的队伍开始游行，吴振鹏作为童子军的一员，也加入其中。由于人多路窄，他和其他小伙伴沿途维持秩序，同时散发传单宣言给来往的群众，并向他们激动地呼喊："支持北京学生！打倒帝国主义！打倒北洋军阀！"

那天夜里，吴振鹏躺在床上，辗转反侧、难以入眠。他的喉咙嘶哑、小腿肿胀，但是疲惫的身躯并没有抑制内心的澎湃。他的脑海里不断翻滚着白天的情形：会场里攒动的人头、挥舞的小旗，马路上铿锵的步伐、沸腾的呐喊，还有路旁驻足的市民、兴奋的商贩……他的胸口突然涌上一股莫名的暖流，热烈而又汹涌。他感到心中有股力量正在喷薄而出。

5月25日，安徽全省学生联合会（简称省学联）成立，省学联提出推举15名委员，吴振鹏在集会、游行中果敢聪慧、镇定自若的表现，让众人刮目相看，因此在大家一致赞同的掌声中，他被推选为委员。①

安徽省学生联合会旧址（今安庆市二中）

获得如此殊荣，吴振鹏感到非常欣喜和骄傲，这意味着他之前的积极配合得到了广大学生的肯定和赞同。从此，他不再只是简单地发传单、喊口号，他意识到自己身上的责任变得沉重起来。

为了唤醒民众爱国反日的意识，省学联组织街头宣传队，吴振鹏

① 参见王开玉、杨森《安庆史话》，第48页，安徽人民出版社，1981。

踊跃参与和策划,将宣传队分成若干小组,按划定的区域开展宣传活动,组员由各校学生轮流担任,规定各组每星期日分上午、下午两班上街宣传演讲。吴振鹏协助演讲队搭台演讲,揭露帝国主义的罪行,表示誓死争回青岛的决心。考虑到街头市民文化水平低,吴振鹏演讲时,语言质朴、感情激烈,说到动情处,不禁潸然泪下,很多驻足听讲的市民大受鼓舞。有的市民自发行动,端茶送果,热情慰问。吴振鹏感激地说:"救国是我们国民的天职,只要大家齐心协力,远远胜过给我们送茶果。"吴振鹏还带领小伙伴到轮船码头活动。当日轮乘客下船时,学生们纷纷围上去质问:"你们为什么不坐招商轮船而坐日本轮船?"①

国货街。为纪念安庆声援五四运动而爆发声势浩大的爱国运动,1919年经省国民政府批准,改四牌楼西街为国货街,专售国货

经过这次声援北京学生的运动,吴振鹏认识到:帝国主义的侵略加深了民族危机,学生不能只会埋头读书,"天下兴亡、匹夫有责"。我

---

① 参见中共安庆市委党史研究室《中国共产党安庆地方史》上卷,第41页,中共党史出版社,2001。

们省学联要组织学生走向街头，反抗帝国主义、反抗封建军阀，为国家的利益、民族的尊严奔走呼号，这是我们的使命。

8月，省学联根据全国学联提出的"义务教育团进行办法"，在安庆怀宁县学宫（今安庆四中）创办平民义务小学校。第一批招收学生七八十人，都是贫苦劳动人民的子弟。造币厂工人操球（人名）带领部分工人，每晚到义务小学夜校上课。省学联还采纳了吴振鹏的意见，经常召集学生家长会议，向他们普及科学文化知识，灌输爱国思想。

在省学联的推动下，青年学生们通过这种形式，向工人群众传播马克思主义，开始了改造社会的尝试和探索。吴振鹏作为委员之一，在组织、协调青年学生与工人的多次实践中，积累了更加丰富的经验，培养了良好的群众基础。

五四爱国运动以后，随着马克思主义广泛传播、学生运动深入发展，安庆社会主义青年团创建起来。它的首倡者是致力于教育、与安庆青年学生有广泛联系的蔡晓舟。1921年春，蔡晓舟以省学联骨干为主要对象，与刘著良在怀宁县学宫义务小学主持召开建团筹备会议。可是就在会议如火如荼地进行时，被警察发现，会议被迫提前终止。蔡晓舟等人并没有就此放弃，4月，他在安庆北门外菱湖公园夜月亭主持召开安庆社会主义青年团成立会议。可惜这次会议又为军警所侦悉，为免遭拘捕，会议再次提前解散。

虽然屡遭打压，当时参加社会主义青年团筹建活动的青年学生并未退缩，省学联作为公开、合法的组织形式，积极配合青年团工作，并决定学联会的会长（主任）必须由参加青年团筹建活动的学生骨干担当。吴振鹏作为省学联委员，在与青年团的工作联系中，进一步接触了社会主义思想，并在随后的"六二"运动中，奔走呼号、冲锋陷阵。

积极投身"六二"学潮

1921年6月2日发生在安庆的"六二"惨案，是封建军阀在安徽长期腐朽统治的结果。由此而引发的安徽"六二"运动,是继五四运动之后第一次爆发在安徽的大规模的反封建军阀及其政权的群众运动。这次斗争始于教育界,时人谓之"六二"学潮。"六二"运动既包括反对倪道烺、马联甲等封建军阀惨杀青年学生的斗争,也包括后来的反对第三届省议会贿选及反对李兆珍当安徽省省长的斗争。

这场运动中,吴振鹏作为省学联委员,与参加筹建安庆社会主义青年团的青年们密切配合,共同奔走呼号,参与游行示威,联合全省人民向封建军阀展开了声势浩大、不屈不挠的斗争。

倪嗣冲统治安徽期间,轻视教育,一再压缩教育经费,引起教育界和青年学生的强烈不满。为争取教育资金独立、反对军阀政府侵吞教育经费,省学联组织安庆各校学生代表赴省议会请愿,要求增加教育经费,并且要求教育经费独立核算不得挪为他用。

1921年6月2日,请愿学生在省议会前遭到军阀倪道烺、马联甲指使的军警扣押。下午6时许,各校学生得知消息后,有千余人迅速聚集,吴振鹏带领部分学生包围省议会大楼。学生们群情激昂,高呼"抗议省议会殴打学生"等口号。马联甲看见学生数量太多,形势难以控制,立刻加派军警前来镇压。学生们更愤怒了,奋不顾身地与军警搏斗,军警疯狂地殴打手无寸铁的学生。这天受伤学生达50多人,尤以一师学生姜高琦和一中学生周肇基伤势最为严重(姜于7月1日伤重身亡,周亦于次年伤发致死),造成震惊全国的"六二"惨案。

惨案发生后,安庆各校学生一致罢课。《安徽全省学生会周刊》就"六二"事件发行特别号外,刊登了《安徽省各校罢课宣言》。省学联也立即召开会议,悲愤交加的吴振鹏在会上斥骂:"洋人横行无忌,欺压中国人民,现在军阀走狗,竟然也骑在人民的头上,肆无忌惮残害人民!简直丧心病狂!"与会代表满腔愤慨,纷纷强烈要求,必须向全国学联、安徽各旅外团体发出函电,泣告"六二"惨案。同时提出惩办凶手马联甲等4项办法:(1)呈请北京政府陆军及本省军政两长,对行凶军人马联甲按军法严办;(2)向法院起诉主使行凶的议员赵继椿、刘硕等;(3)宣布省议会历年祸皖罪恶,并联合各县掀起撤销代表运动,使议员失去合法性；(4)以上条件如不达到，即罢商、罢工、罢税、罢选。学生们的正当要求和正义行为受到教育界的广泛支持和全省各界的关注，旅京、旅沪皖籍知名人士纷纷发表文章和讲话，竭力声援学生。

7月15日，在社会各界持续的舆论施压下，安徽省省长公署对此作出妥协："六二"惨案中的受伤学生，非师范生一律免交各种学膳费，师范生每人每学期享受省库津贴15元5角；由省库提出6000元抚恤姜高琦家属，由省库提出4000元交学校联合会和省学联，作为姜高琦治丧费用。安徽省政府也作出增加教育经费的决定，由原来的70万元增至150万元，并取得了教育经费的独立；设立了安徽省教育经费管理处，由教育界推举人选，直接管理经费的开支。至此，学生的斗争取得了初步胜利。

"六二"学生运动的胜利，极大地鼓舞了吴振鹏参加进步斗争的热情。不过，每至寂静深夜，当他想起身负重伤、卧床不起的学生，当他缅怀不幸逝世的姜高琦和周肇基时，他又感到胸口锥心般的绞痛。他开始明白，任何斗争都是要付出代价的，有的斗争胜利甚至是血与泪浇筑而成的。于是，他默默发誓：必要时，我也要义无反顾，不畏牺牲！

冲在反贿选斗争前线

1921年，安徽军阀倪道烺、马联甲把持的安徽省第二届议会任期届满，即将进行第三届议会的选举。倪、马决计继续把持省公益维持会，操纵全省各县的议员选举，并拿出100万元资金作为活动经费，供其主要分子马仲武、赵继椿等人赴全省60个县进行"竞选"活动。各县县长又大都与公益维持会有瓜葛，他们伙同豪绅、地主包办选举，企图在各县选举核心中成为初选议员，为第二步复选省议员做准备。为了使108名省议员都成为清一色的倪氏党羽，公益维持会分子就从伪造选册入手，不问年龄大小，只要认为可靠的，一律把名字列上，甚至把死了多年的人也写进选册，以便多占一张选票。倪氏党羽指定何人，何人就有机会当选,被指定的候选人每人可享受津贴3万元,作为公开买票的费用。

这荒唐至极的贿选戏法,引起了全省学生和各界人士的强烈愤慨。社会主义青年团站在斗争的第一线,号召各界群众积极行动起来,并以学生联合会、教育会、学校联合会、商会、农会、工会、律师公会、报业公会、西医学会、法政学会"十公团"为主,成立安徽各公团澄清选举办事处,编印了《平议报》特刊,开展反贿选斗争。

吴振鹏也冲在了反贿选斗争的前线,他在省学联会议上呼吁发动安庆、芜湖各校学生分县组织起来。他指出,省议会选举法明文规定,省议员的选举,只要有一个县的选举违法被判无效,则全部无效。所以各校学生的迫切任务就是:各自回本县调查选举舞弊情况,搜集各种不法证据,就近向法院起诉。

于是,各校学生们立即开展调查,无为县在省第三届议员选举中,有严重舞弊行为,学生即刻向芜湖地方法院起诉。法院审理后宣判无为县省第三届议会当选议员选举无效,接着全省各地法院纷纷援例判决选举无效。这就使倪氏操纵的第三届省议会选举出的108名议员,失去法律基础,也就使省议会无法召开。学生们都拍手称快,反贿选斗争取得了一定的胜利。

同年秋,倪道烺以40万贿赂国务总理靳云鹏,意图让他的宗师李兆珍来做安徽省省长,李的外甥做财务厅长。交换条件是李就任省长后立即宣布召开第三届省议会,意在镇压学生运动,维护贿选。省学联闻此消息后,极为痛恨。吴振鹏组织"拒李队"日夜巡守在江畔,严阵以待,不许李兆珍上岸。后来李兆珍化装从安庆小南门混进省长公署,各校学生得知后更加愤慨,决定继续罢课,并发动罢工、罢市。全市一片死寂,商店关门闭户,这样坚持了3天。安庆市民在黄家操场开了一个驱李大会。吴振鹏也按照省学联的部署,散会后组织童子军到省长公署,高呼"李兆珍滚出安庆"的口号,把省长公署包围得水泄不通,不准输送食物,让省长公署里的人连菜叶都没得吃。李兆珍坐立不安,赖到第7天,只好又化装溜出安庆。

加入社会主义青年团

"六二"运动中,吴振鹏目睹了青年团的骨干分子如何领导学生与各界紧密配合,如何用血的事实揭露军阀统治的腐朽残暴,如何唤起民众的激情与力量。他被青年团的筹建者们所震撼、所感动,自此他坚定了加入社会主义青年团、投身革命事业的理想信念。

1922年秋,年满16岁的吴振鹏因学业优秀,被保送到位于安庆的安徽省立第一师范学校读书。

1923年春,中共中央委员长陈独秀派中共党员柯庆施回到安徽省恢复党团组织。因为1921年10月成立的安徽社会主义青年团学生运动委员会团员少,且一些团员和学生活动分子赴日本留学,留在安庆的青年团员只有两三个人,因此团组织活动一度中止,于是柯庆施奉命来到安庆。

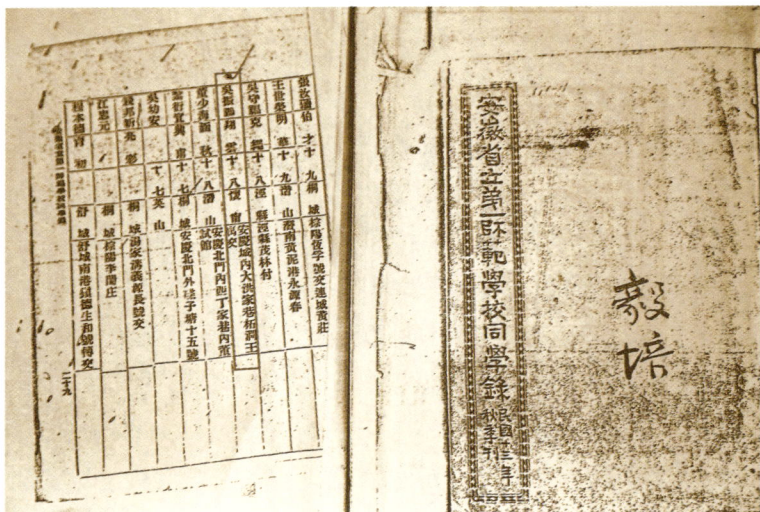

安徽省立第一师范学校同学录(右四为吴振鹏)

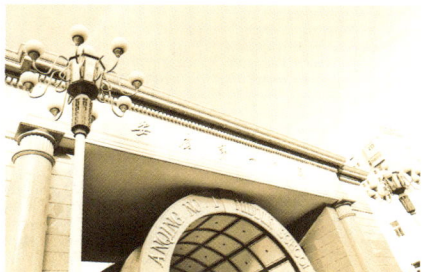

原安徽省立第一师范学校，现为安庆第一中学

柯庆施以教育会为掩护所开展革命工作，他在《新建设日报》做编辑，利用工作之便，经常转载《新青年》和《向导》中的文章，宣传马克思主义和中国共产党的主张，并秘密联络各校学生活动积极分子和老团员，组织开展群众活动。

6月13日下午，中国社会主义青年团安庆地方执行委员会召开成立大会，直属团中央领导。大会推选柯庆施为出席中国社会主义青年团第二次全国代表大会的代表，还决定成立"马氏研究会"，建立青年图书馆。在后来的革命斗争活动中，中国社会主义青年团安庆地方执行委员会成为考察和培养共产党员的预备学校，为后来中共安庆地方党组织的建立奠定了基础。

8月，柯庆施出席了在南京召开的中国社会主义青年团第二次全国代表大会。会后，柯庆施根据这次大会的精神，进一步加强了安庆青年学生的工作。中国社会主义青年团安庆地方执行委员会一面利用《新建设日报》《通俗教育报》《平议报》等出版物加强宣传、教育群众，推动安徽人民反帝反军阀斗争；一面组织社会科学研究会、读书会等联络和组织群众，特别注重吸收省学联的骨干分子入团。吴振鹏这样的优秀青年正是要发展和联络的重点对象。他就读的省立一师正是安徽青年学生革命运动的中心之一。

省立一师的学生早在五四运动时期，便积极从事反帝爱国斗争，学校内革命氛围浓厚，学生们经常组织演讲活动、板报绘画比赛，可谓具有光荣的革命传统。不过以前的斗争活动比较分散，缺乏系统性；活动对象多是学生，缺乏代表性。如今在党的领导下，以青年团员为中坚力量的安庆学生运动开始与社会群众运动相结合，斗争活动愈发高涨。学校内《新青年》《共产主义 ABC》《唯物史观浅说》《共产党宣言》等进步书刊广泛流传，学生们的思想相当活跃。吴振鹏入学前，每每想到马上可以学习先进的文化知识和科学理论，与志趣相投的同学一起探讨人生追求和革命理想，他的内心就充满了期许。

可是，吴振鹏是个孤儿，他常常因为贫穷而衣衫褴褛、面色疲惫，所以总会遭到一些富家子弟的歧视和嘲笑。但是，经过多次斗争的锤炼，这些异样的眼光和刻薄的言语并没有使吴振鹏灰心丧气，反而激励他更加刻苦努力。他珍惜学校良好的学习条件，读书极为用功，努力学习各种现代科学文化知识，非常重视自己在阅读、写作、计算、体操等基本技能上的训练，很快他便以出色的成绩在班上崭露头角。加之他思想敏锐，富有正义感，为人正直善良，因此赢得了同学的尊敬和肯定。

然而，纵有一颗孜孜不倦的向学之心，在国家山河破碎、人民颠沛流离之际，谁又能只顾死读书，不闻窗外事？吴振鹏除了刻苦学习外，还时刻关注时局，经常与杨兆成等进步同学探讨革命理论，分析帝国主义为什么要侵略中国，痛斥封建统治阶级的残酷剥削与压迫，抨击军阀政府的腐败无能，分享交流俄国十月革命的情况和关于社会主义的基础知识。课余，他积极谋划组织学生们开展反帝反军阀的爱国斗争。

1923 年 5 月 9 日是中国人民"勿忘国耻"纪念日，柯庆施等借此策动安庆学生外交后援会和省国民外交后援会发起反对日本帝国主义、反对封建军阀的斗争。这天天气晴朗，法专、一中、一师、甲工、皖江师专、体育师范、一女师、女职、一女模等大、中小学和各团体、各界人士 1 万余人，齐集在公共体育场召开国民大会。几张课桌摆成的主席台虽然略显简陋，但这抑制不住逐渐高涨的爱国气氛。会上，由学生会及各界代表慷慨陈词，相继作"不承认二十一条""收回旅大""对日经济绝交"等发言。会场里不时爆发出雷鸣般的掌声，学生们的眼睛里散发出炽热的光芒。

会议在一片热烈的掌声中结束后，吴振鹏跟随其他同学一起参加了游行示威。他看见沿街商店全都罢市，各家店门头都挂起白旗或贴上书有"收回旅大""废除二十一条"等字样的白纸条幅，他为之振奋和感动，不禁高呼起来："抵制日货！斗争到底！"

正是由于这种斗争实践和理论学习，吴振鹏的思想不断成熟，革命信念日益坚定，1923 年秋，经同学杨兆成、薛卓俊介绍，吴振鹏加入了社会主义青年团。在组织的带领和柯庆施的指导下，吴振鹏把更多的精力投入到党团组织领导和各项革命活动中，先后参加了反曹锟贿选、声讨猪仔议员游行大示威等进步活动，在示威游行、组织募捐、吁请声援、抵制日货等斗争中不断锤炼自己。

领导青年开展进步活动

1923 年 10 月，直系军阀首脑曹锟以贿选方式取得北京政府总统职位后，全国掀起了反对高潮。安徽省学联得知此消息后，立刻发出通知，并向全国通电，否认这个花 300 万大洋买来的总统，决定 9 日在黄家操场召开反对贿选总统大会。安徽的何雯、张伯衍、何述尧是国会议员，他们都得了曹锟的贿银，投了曹锟的选票，人们称这班议员为"猪仔议员"，而这班"猪仔"有的就住在安庆。①

吴振鹏、杨兆成积极领导和参加了这场反对活动。当日，各校师生和农、工、商各界在黄家操场集会，声讨曹锟和受贿"猪仔议员"，到会学生及各界人士数千人。大会演讲结束后，安庆法专、一中、一师、皖江师专、一女师、女职等校师生举行游行示威。吴振鹏勇敢地走在游行队列的前面，高举大旗，挥舞标语，满腔悲愤地高呼"反对贿选！贿选可耻！""赶走猪仔议员！"等口号。随着学生们的情绪越来越激昂，吴振鹏、薛

---

① 参见中共安庆市委党史研究室《中国共产党安庆地方史》上卷，第 69 页，中共党史出版社，2001。

卓俊等一师的学生带领学生队伍到安庆籍议员张伯衍的状元府住宅前高呼口号,声讨张伯衍的陋行。可"猪仔议员"张伯衍用麻袋屯塞,企图堵住宅前后的大门,这更激起了广大同学的愤慨。在吴振鹏的带领下,示威同学奋力撞开大门,将张伯衍的家捣毁。

事后,校方一直企图开除吴振鹏,但是遭到了全校师生的强烈反对,校方只好收回成命,让吴振鹏继续留校学习。①

反曹锟贿选取得了局部斗争的胜利,使得安徽各界人心大快,它给"猪仔议员"及当地军阀官僚以沉重的打击,又一次唤醒了民众的爱国热情。陈独秀在《向导》第 16 期上发表《安徽学界之奋斗》一文,予以极高的评价。他说:"猪仔议员全中国各省都有,独有安徽学生加以群众的惩戒;各省教育厅长都只顾自己有官做便得了,独有安徽教育厅长拼着官不做,以强索教育费冒犯长官,显示安徽学界还有点生气。"②吴振鹏在这次国民运动中进一步锻炼成长,他的领袖才能和革命胆识得到了安庆学生青年界的肯定和赞赏,他在多次的斗争中不断积累经验,提升信心。

随着安庆社会主义青年团队伍的扩大,按照中共中央《国民运动进行计划决议案》规定:凡有国民党组织的地方,我党党员、团员一并加入;凡无国民党组织的地方,我党同志们为之创设。③ 于是,陈独秀写信给柯庆施,指示他可以在安庆建党。1923 年 12 月,柯庆施在万安局一号濮德毅(濮洪)家召开安庆建党会议。会议宣布成立中共安庆支部,并推选柯庆施为党支部书记。支部成立后,先后派出党员分别到鹭鸶桥造币厂、甲工学校附设织布厂、玉虹门外广昌发号晒布场和招商局码头工人中开办工人夜校,启发工人觉悟。

未久,"猪仔议员"何雯、张伯衍因为自己在安庆的住宅被学生们捣

① 参见王行《从照片上认识了父亲——纪念吴振鹏烈士诞辰 110 周年》,《南京党史》2016 年第 6 期,第 15 页。

② 中共安徽省委党史研究室:《中国共产党安徽地方史》第 1 卷,第 47 页,安徽人民出版社,2000。

③ 中共安庆市委党史研究室:《中国共产党安庆地方史》上卷,第 71 页,中共党史出版社,2001。

毁,于是向法院起诉为首之人。随后,安徽省当局先后两次下令通缉学生,其中大部分是共产党员或青年团员。省学联也同时被封闭,被通缉的学生纷纷潜往上海。1924年春,安徽督军兼省长马联甲从蚌埠移驻安庆,政治形势更加恶化。《新建设日报》被迫停刊,柯庆施也不能在安庆立足,于是离开安徽回到上海,安徽的党团组织活动随即停止。但是吴振鹏、杨兆成等中坚骨干不畏反动当局的压制,他们发动省城各校学生举行国耻纪念活动,并分赴码头、商店检查,抵制日货。

1924年10月,冯玉祥发动北京政变,推翻了直系军阀政府。之后,冯玉祥与奉系共推段祺瑞为临时政府执政。段祺瑞下令裁撤安徽督理,免去马联甲安徽督理本兼各职,任命王揖唐为安徽省省长兼督办军务善后事宜。于是,原安徽军阀当局在镇压反对曹锟贿选期间所发出的"通缉令"无形取消。此时,在上海大学学习的共产党员王步文等率先返回安庆,着手恢复省学联,并组织中国青年救国会,帮助发展了一大批国民党党员,一度低落的安庆民众革命运动开始复兴。

为了贯彻国共合作的方针,继续推动和发展安徽的革命形势,在党的四大和团的三大结束不久,1925年春,徐梦秋、薛卓汉受陈独秀之命来到安庆恢复党和团的组织,筹备成立国民党(左派)安庆市党部。6月,共青团安庆特别支部在安庆建立[1],徐梦秋任特支书记。当时党员、团员活动在一起,党员兼做团的工作,参加团的组织活动,而团员是党员的预备阶段。[2]　共青团特支的团员大多以个人身份加入国民党,并在组织国民党分部中起核心领导作用。黄梦飞先在安庆成立市第一区分部,随即扩大宣传,连续成立了一师、一中等区分部。吴振鹏是一师区分部的负责人。[3]

吴振鹏和杨兆成、薛卓俊等人领导团员和进步青年积极从事多项

---

① 中共中央组织部、中共中央党史研究室、中央档案馆编:《中国共产党组织史资料》第1卷,第361页,中共党史出版社,2000。

② 中共安庆市委党史研究室:《中国共产党安庆地方史》上卷,第75页,中共党史出版社,2001。

③ 参见中共安庆市委党史办公室《第一次国共合作在安徽》,第315页,中央文献出版社,1993。

革命活动。他们利用学校空屋,设立一个社会科学图书室,布置一些新文艺及社会科学的书刊供学生阅读,如瞿秋白的《新俄国游记》《赤都心史》,蔡和森的《社会进化史》,陈望道翻译的《共产党宣言》及《向导》《新青年》《中国青年》等杂志。他们还组织青年学生召开读书分享会,积极交流阅读过程中的所想所感,互相推荐书籍,青年学生们在畅谈进步思想的讨论会中迸发出新的火花。吴振鹏还在同学中组织文艺团体"曦社",并亲自主编《曦社》,为进步学生们构建宣传交流的平台。同学们热情创作,纷纷投稿,《曦社》定期刊登同学们的政治及文艺作品,扩大革命宣传力度。吴振鹏和同学们还在校内开办工人夜校,对校工一边进行文化教育,一边进行革命宣传。[1] 吴振鹏和杨兆成等人还组织社会科学研究会(即马克思学说研究会),在同学中推销《向导》和《中国青年》。对这些先进的政治理论著作精研细读后,结合实际的斗争经验,吴振鹏积极撰写心得体会,并在研究会上向学生们报告,揭露旧中国政治经济制度的腐败、封建地主和军阀政府的残酷剥削与压迫,列举帝国主义列强侵略中国的罪行,介绍学习马克思主义的心得体会和俄国十月革命的经验。通过这些阅读和分享活动,吴振鹏的马克思主义理论的积淀日益丰厚,自身的知识文化修养也不断提高。

有力声援五卅运动

1925 年 5 月 30 日,英、日帝国主义者在上海制造了震惊中外的五卅惨案,激起了全国人民的极大义愤。在中国共产党领导和推动下,五卅运动狂飙迅速席卷全国。在活动于安庆的共产党员和共青团安庆特支的推动下,安庆各阶层人民发起了五卅惨案安徽后援会,开展工人罢工、学生罢课、商人罢市的革命斗争,并组织募捐活动;积极展开抵

雨花台烈士传丛书
吴振鹏传

---

① 参见黎衍宜《安庆第一师范团的活动情况》;政协安庆市文史资料研究委员会、安庆市编史修志办公室、安庆市档案馆编《安庆文史资料》第二辑,第 29—30 页。

制英、日"仇货"的检查，并把非基督教运动与反帝爱国斗争融为一体。

6月1日，省立高中、一中、一师、一农、法政讲习所、皖江师专、东南中学等校学生会的代表开会，改选省学联，吴振鹏被选为宣传股主任。

19岁的他，经过革命活动的锻炼，愈加显示出愿为无产阶级解放事业奋斗终生的热忱和决心。他在省立第一师范积极组织后援会，并以国民党区分部的名义，组织声援斗争。他四处奔波，组织演讲团上街演讲，发动安庆女校师生演出话剧《弱泪》，演唱"新五更叹"等。

他组织省学联加大宣传力度，率先发动安庆各校学生组织集会，举行声援五卅惨案示威大游行。为了让民众对五卅惨案都有所了解，吴振鹏还特意将各种口号浅加解释，印刷成传单、广告，分贴在大街小巷。他带领同学们游行示威，沿途义愤填膺地高声讲演，讲述"六二"惨案、上海工部局惨杀市民与学生的情况，并大声疾呼："打倒军阀！打倒帝国主义！实行民众革命！"

6月10日，安庆各团体、各学校民众3万余人为声援五卅惨案，又在黄家操场隆重集会。会场内，台上演说者悲愤激昂，台下民众怒潮涌动。大会通电执政府、外交使团及各国政府和各国人民，强烈要求北洋军阀执政府，必须以上海工商学联合会提出的17项条件为根据，严正向英国、日本交涉；号召全省人民行动起来，同仇敌忾，支持上海工人。会议结束后，再次举行声势浩大的示威游行。游行队伍旌旗招展，沿途演说，很多市民被高涨的爱国热情深深感动，同情学生们的义举，纷纷自愿自动加入游行队伍，同声高呼"打倒帝国主义""取消不平等条约""取消领事裁判权""打倒军阀"。

在吴振鹏、薛卓俊等进步同学的谋划统筹、冲锋陷阵下，省立第一师范学生先后协助组织安庆各界的革命活动，如组织国民会议促成会、追悼孙中山先生筹备大会等等。校内团员人数大为增加。这群忧国忧民的学子们经过五卅斗争的考验和锻炼，在共同的爱国反帝的目标下走到一起。到1925年秋冬时，省立第一师范成立了共青团支部。

日渐成熟稳重的吴振鹏在这几年的斗争中逐步成长为学生运动

的带头人,他团结带领学生开展革命斗争工作,为省立第一师范及安庆地区后来的革命运动打下了坚实的基础。

1925年秋,吴振鹏从省立第一师范毕业,安庆党团组织根据中央指示意见,结合他的能力作为和革命工作的需要,安排他到上海大学社会学系学习。①

雨花台烈士传丛书

吴振鹏传

① 参见王行《从照片上认识了父亲——纪念吴振鹏烈士诞辰110周年》,《南京党史》2016年第6期,第16页。

求学上大 领导工运

情况有变转战工厂

上海大学是在国共合作的背景下，在沪崛起的一所新型大学。它由国共两党共同创办，以共产党人为主。它接替了外国语学社培养青年干部的任务，成为共产党培养干部的学校、传播马克思主义的园地、反帝爱国运动的堡垒。

上海大学的前身原是一所私立学校，名为东南高等专科师范学校，于1922年春在上海闸北青岛路（后称青云路）的弄堂里创办，学生160多人，校舍与设备都很简陋，是典型的弄堂大学。开学不久，校长竟然偷携全校学生所预缴的学费和膳食费溜到日本！愤怒的学生们立刻发起改组运动，他们想请陈独秀、章太炎、于右任三人之中一人出任新校长。但陈独秀行踪不定，章太炎隐居苏州，闭门不出。于是学生代表多次到于右任处恳求，于右任终为所动，他答应学生们的要求后，建议把校名改为上海大学（简称上大）。1922 年 10 月 23 日，上海大学召开成立大会，于右任任校长，宣布就职。

上海大学设有社会科学院（含社会学系）、文艺院（含中国文学系、英国文学系）和美术科，另外还附设中学部和俄文班。学校开设的必修外语课有四种——英、德、俄、日，要求每个学生掌握两门，又附设世界语选修课。学校的目标是系统地研究社会科学和发展形成新文艺系统，培养社会科学和新文艺方面的干部，以达到改造社会的目的。

上海大学办的最有特色的是社会学系，系内执教的有中国共产党的著名领导人、杰出的理论家、宣传家，他们在上大的理论教育，对党的理论建设起了重要的作用，促进了党的思想建设。社会学系的理论学习，如瞿秋白的《社会科学概论》《现代民族问题》，蔡和森的《社会进化史》，邓中夏的《中国劳工问题》，恽代英的《中国政治经济状况》等等，激发了莘莘学子的革命热情和蓬勃坚强的战斗精神，他们将理论和实践相结合，投入如火如荼的斗争洪流中。

从 1924 年秋起，上海的革命形势日益高涨，这一时期，上海大学成为全市青年学生运动的核心。大革命时期，上大师生还积极参加北伐战争和上海工人三次武装起义，并成为骨干主力。四一二反革命政变发生后，帝国主义和国民党称"上海大学是赤色大本营"。上大因其历史功绩和地位闻名全国，时称"五四运动有北大，大革命时期有上大""北有北大，南有上大""武有黄埔，文有上大"。

正当吴振鹏做足准备，前往上海大学就读的时候，突然被告知情况有变。原来五卅惨案发生后，公共租界大批军警非法搜查上大，武力驱赶了学生，英帝国主义者出动海军陆战队强占校舍。上大公私财产遭到巨大损失。上大为此被迫迁至南市租界学校。不久，上大校学生会全体会议决议募捐建筑新校舍，并于 7 月中旬迁回闸北中兴路，设立临时办事处继续招生，并且租下闸北青云路师寿坊 15 幢民房作为校舍。之后几经周折，直到 9 月方才开学。

了解情况后的吴振鹏感到非常惋惜和无奈，但是党组织并没有就此完全放弃，而是将各地到上海大学学习的青年派往上海各工人区从事工人运动。因此，结合吴振鹏的工作经历与成绩，党组织决定将他派往工人集中的引翔港（集镇），化名吴静生，潜伏于一家日资纺织厂当工人。

团结工人斗争

吴振鹏被组织安排到纺织厂，并接受团引翔港支部联合干事会（简称团引翔港支联会）领导。团引翔港支联会成立于 1925 年 8 月，所属有 3 个团支部，团员 20 名，时任书记是梅中林。梅书记非常欢迎吴振鹏的到来，向他简要介绍了上海青年团的诞生与发展情况。

1920 年 5 月，陈独秀先建立马克思主义研究会，学习和研究马克思主义理论，酝酿建党问题。6 月，陈独秀、李汉俊、俞秀松、施存统等人开会商议，决定成立党组织，还起草了党的纲领。关于党的名称问题，陈独秀征求李大钊的意见。李大钊主张定名为"共产党"，陈独秀表示同意。在上海成立的共产党早期组织，实际上是中国共产党的发起组织，是各地共产主义者进行建党活动的联络中心。[1] 中共发起组随后重点领导青年运动，组织社会主义青年团。五四运动高潮过去后，许多青年从偏僻的内地山乡来到新思潮激荡的上海。他们来到浦江之滨，寻找新青年社的陈独秀、上海《民国日报》副刊《觉悟》的编辑邵力子、陈望道等人。青年们离开家庭和学校，抱着满腔热情，寻求实现新的理想的道路。于是陈独秀等人在霞飞路渔阳里 6 号（今淮海中路567 弄 6 号）创办了外国语学社，并吸收了 30 多名革命青年，他们就成了最早的团员。8 月 22 日，上海社会主义青年团成立。从此，党的许

---

① 中共中央党史和文献研究院：《中国共产党的一百年》，第 27—28 页，中共党史出版社，2022。

多活动通过团来进行。但由于团内成员成分复杂，信仰不一，意见往往不能一致，加以人事变动和经费不足等原因，上海社会主义青年团于1921年5月宣告解散。① 不过很快，同年11月，张太雷便接受中共中央局的委托，着手负责恢复上海社会主义青年团的工作。1922年5月，中国社会主义青年团第一次全国代表大会召开后，成立了中国社会主义青年团上海地方执行委员会，负责管理上海市区内团的组织和团的工作。1925年2月，更名为中国共产主义青年团上海地方执行委员会（简称团上海地执委）。

介绍完上海青年团的情况后，梅书记宣布了组织对吴振鹏的工作任命，吴振鹏欣然接受了安排。梅中林用欣赏的眼光打量眼前这个机警冷静又略带兴奋紧张的年轻人，拍拍他的肩膀说："振鹏，工厂不比学校轻松，但是我相信以你的智慧和勇敢，一定能胜任这份工作。你在工厂要低调行事，保存力量，发展壮大，切记不能暴露自己。"吴振鹏坚定地咬咬牙，说："请组织放心。"

吴振鹏所在的日资纺织厂，位于上海杨浦区引翔港，现杨树浦路与宁国路之间的区域。吴振鹏在工厂里身穿灰色的粗布工作服，和工人每天在极其简陋恶劣的环境中工作十几个小时，没有节假日，生活条件很差，连开水都喝不到，只能饮用锅炉蒸汽通过纺织机流下的水，带来的冷饭也是用含有铁锈的"汽过机"温水泡着食用充饥。

吃饭喝水都不能确保健康卫生，更谈不上安全保障和医疗救护了。没有劳护用品的工人在没有安全设施保障的机器上工作，经常出现人身安全事故。而厂方对待伤残或者病重工人就是抬出去扔到厂外野地里，让自家人来领走；没有家人领的只能等待好心人帮助，否则就是等死。工人们经常遭受工头的任意辱骂、体罚，女工有时出入厂门会被强行搜身甚至是由男性门卫搜身，明知道遭到凌辱，但也要忍痛接受这样的人格践踏，稍有反抗就会遭到殴打甚至开除。青工、童工更

① 参见中共中央组织部、中共中央党史研究室、中央档案馆编《中国共产党组织史资料》第1卷，第296页，中共党史出版社，2000。

是苦不堪言,小小年纪就要做与成人一样的重活累活,导致这些没有发育或刚刚发育的孩子们的身心受到严重的摧残。

这种非人的境遇和非法的用工制度使吴振鹏大为震惊!进厂一个月来,他没有睡过一次好觉,他的眼前全是令人愤怒、心痛的场景。他把自己几个月的实际感受和亲身经历,以小说的形式记录下来,投往《中国青年》杂志,控诉帝国主义资本家对工人所干的"根本就不能说是'人'"的迫害和压榨。这篇小说就是《端午节》,刊登在《中国青年》第124期上,编辑部还写了编者按,向青年和读者推荐:"这是一位在上海引翔港工人区作[做]工的同志为我们写的;他在困顿的百忙中,还不忘记传递苦同胞的消息给我们,我们不但简单地表示谢意,还应该深深地记着,在人们相聚快乐的一天当中,原来还有这样惨淡凄凉的一幕。"①

《端午节》中这样写道:

> 拿着血汗去兑换工银的工人,经过了长时间劳作之后,面色都呈现银灰如死的惨容,凝滞无光的目光更是乏涩不堪。在他们疲乏不支的躯体上,一个个都被棉花灰裹着,远看去就好像都穿了白色飞絮的花衣。悲鸣的汽笛第三次拉放之后,这些流血冒汗的动物(从他们的生活状况着想,根本就不能说是"人")都陆续从花絮飞舞、浊气蒸发的车间(工人工作的地方)里面没精打采,很狼狈的走出。
>
> 出了车间,在他们眼帘前首先呈现的,就是厂主方才新贴的赫赫布告,在"不准停工"的字样之前,放工的伴侣们都不知不觉的呆立着,一些教育权在先天就被褫夺了的工人,张望了一回不觉就一致发出了"又是什么"的疑问,少数略微认识几个字的看后,即垂头丧气地发出了微微的叹息,从幽怨不平的叹息声中,可以听出"明天——不准停——工"的断句。想看亲友、打牌、玩耍、休息

---

① 郭必强:《吴振鹏传略》,《江西青运史研究》1989年第1期,第28页。

的幻想和计划，都在这"明天——不准停——工"的断续声中化为轻烟——缥渺了而不可触摸了。

这些血汗被榨取的工人，现在心坎里都有了异样的感触。他们失望而又沉默的经过管门的挨次严厉的搜索之后，各自回到自己的暗淡而又简陋，且不禁风雨的贫民窟里去了。

……

一张字数较多的公告又出现在黑色的魔鬼似的牌子上了："王阿三、张小毛、李定国、胡小妹、余国香、朱长富、卫丙生、刘阿桂、张翠芝等九人，不服命令，擅自停工，着即开除，以警将来，此布。"

……

一切依然继续着——飞絮的白花，出门时严厉的搜索。

疲乏躯体的挣扎……

这篇小说以特有的形式和真实生动的描写，吸引了许多青年学生去了解工人现状、熟悉工人生活、开展工人运动。短短的几个月，吴振鹏深入到青年工人中去了解情况，传播先进的科学理论，不间断地宣传新思想，提高工人的思想觉悟。在他的积极努力和推动下，支联会的团员发展到了50多名。

通过团员之间的联系发动，吴振鹏还将引翔港几十个行业（包括曾经调查过的饮食、车行等服务行业）的400多名青年工人有效地组织起来，成立了自治和纠察组织。他不但利用这些已经发动起来甚至武装起来的先进青年去发动更多的青年加入先进行列，而且组织开展学习、宣传以及与资本家争取合法权益的相关斗争。

通过吴振鹏和青年组织的不懈努力和坚持斗争，所属支部范围的引翔港几个日资纱厂、相关行业资本家被迫同意建立工会组织，成立工人技术学校，提高工人饮食待遇，改善童工生活状况；制定保障工人人身安全和休息的条例，比如同意周日可调休，禁止打骂和侮辱工人等。

吴振鹏还在曹家渡创办了一所平民学校,并任校长兼教员。他亲教识字,讲授革命道理,编辑出版进步刊物,引导青年工人走上革命的道路。授课之余,吴振鹏还经常与青年工人们谈心,由于他在工厂也经历了非人的折磨和剥削,更加能感同身受地理解工人们的痛苦与煎熬;他采用工人易于接受的方式,向他们灌输革命理论,描绘世界各国工人斗争的场景,号召工人要加强团结、共同抗争,逐步提高了工人的阶级觉悟。

"三冰" 义结兄弟

由于吴振鹏卓有成效的工作,他的才干和能力在工人间口口相传,渐渐小有名气。他相继结识了曾延生、关向应、袁玉冰等人,并结下了深厚的革命友谊。袁玉冰和关向应当时已经是上海共青团领导,吴振鹏和他们因工作关系经常一起学习、开会、授课,三人义结兄弟之好,并各自取"冰"字,按年龄大小为袁孟冰、关仲冰、吴季冰,以表示他们之间亲如手足般的革命情谊。

袁玉冰,江西省泰和县人,江西最早的马克思主义传播者,江西地方党团组织的重要创始人,也是中国共产党早期的著名活动家之一,与方志敏、赵醒侬被并称为"江西革命三杰"。1918 年秋,考入江西省南昌第二中学,刻苦求知、博览群书。1920年,袁玉冰邀集志同道合的同学黄道等八人组织了江西第一个革命社团——鄱阳湖社(后更名为改造社),后主编江西第一个宣传马克思主义的革命刊物《新江西》。1922 年,袁玉冰考入北京大学哲学系,是年底,经李大钊介绍加入了中国社会主义

袁玉冰

青年团,不久加入中国共产党。1923年1月底,袁玉冰利用放寒假的机会回到南昌,与赵醒侬、方志敏等发起成立江西民权运动大同盟和南昌马克思主义学说研究会,公开宣传马克思主义和反帝反封建思想。同年11月下旬,中共中央调袁玉冰到上海工作。1924年初,袁玉冰以突出的表现,被选派去苏联深造,后进入莫斯科东方大学学习。1925年冬,按党的指示袁玉冰提前回国,被分配到共青团上海地执委工作。先后负责宣传、组织工作,12月出任上海团地执委书记。

关向应,原名关致(治)祥,又名应禀,笔名始炎、仲冰。1920年,进入大连伏见台公学堂商科读书,开始接触新思潮,积极参加反日爱国活动。1922年秋,关向应进入大连《人民日报》社工作,开始了解俄国十月革命的情况,接受马列主义思想。1924年春加入中国社会主义青年团。5月,进入上海大学。同年底,赴苏联入莫斯科东方大学学习。1925年1月加入中国共产党。五卅运动后,关向应回国在上海从事工人运动和共青团的工作。

关向应

他们兄弟三人因工作结识,相聊甚欢,十分投缘。在日后的革命生涯中,他们虽然时常各奔东西,但三人之间的革命友情却在分合中越发浓烈而纯粹。

1926年4月初,团中央决定江苏、浙江两省和上海市合并为一区,并主持召开有江浙两省和上海市共青团组织代表参加的团江浙区代表大会。会上选举产生中国共产主义青年团江浙区执行委员会,委员9名,候补委员3名。贺昌任书记,袁玉冰、关向应是委员,吴振鹏是候补委员。① 团江浙区执委领导江浙两省和上海市团的组织。

---

① 中共中央组织部、中共中央党史研究室、中央档案馆编:《中国共产党组织史资料》第1卷,第302—303页,中共党史出版社,2000。

在党的领导下，"三冰"兄弟怀揣着共同的理想，经常聚在一起分析革命形势，探讨如何发动和组织团员青年参与到工人运动中，如何有效宣传党领导下的工人运动方针、路线，如何正确把握顺应形势的罢工和工运的方向等各种问题。他们深知，工人们不能仅仅局限于自我利益的争取，更要成长为自觉为无产阶级大同盟、为全人类共产主义理想而奋斗的革命战士。从此，哪里有罢工，哪里就是他们的斗争前沿；哪里有集会或者游行，哪里就是他们振臂演讲的阵地。他们三人和曾延生一起被称为"上海青运四大金刚"。

1926年5月1日，为了纪念五一国际劳动节，在上海总工会设立于曹家渡的平民学校里的曹家渡部委组织召开了代表大会，部委书记谢文锦和吴振鹏都出席了会议。会场布置简陋，主席台不过是几张桌子拼接而成。但是场内的气氛却热烈高涨，工人们站满了过道，略显拥挤却很有秩序。吴振鹏作为平民学校的校长做了演讲。他慷慨陈词，歌颂劳动人民的伟大；振臂高呼，描绘工人运动的前景和蓝图。可是就在会议热烈地进行时，由军阀孙传芳控制的警察署突然出动几十名警察，迅速包围了会场四处搜查，他们搜到了工会传单和大会印刷品，于是用绳子将吴振鹏、谢文锦等与会代表捆绑起来。当时，敌人给共产党人和进步群众扣上"过激"的帽子，宣称对抓到监狱的人，"只要证明是过激，立即枪毙"[1]。在狱中，敌人连续审问了两天，无论他们怎么威吓诱骗，都没有从谢文锦、吴振鹏等同志身上问出有价值的情报。敌人没有更多证据，在大家的团结斗争面前无计可施。经过党组织的营救，谢文锦、吴振鹏等被捕的同志陆续被释放。

不久，谢文锦回到上海总工会任职，团江浙区执委派吴振鹏担任共青团曹家渡部委书记[2]，继续发挥他卓著的领导智慧和组织才能。

---

① 中央档案馆、上海市档案馆编：《上海革命历史文件汇集：上海区委会议记录1926.4—1926.6》，第77页，内部出版，1989。

② 中共中央组织部、中共中央党史研究室、中央档案馆编：《中国共产党组织史资料》第1卷，第310页，中共党史出版社，2000。

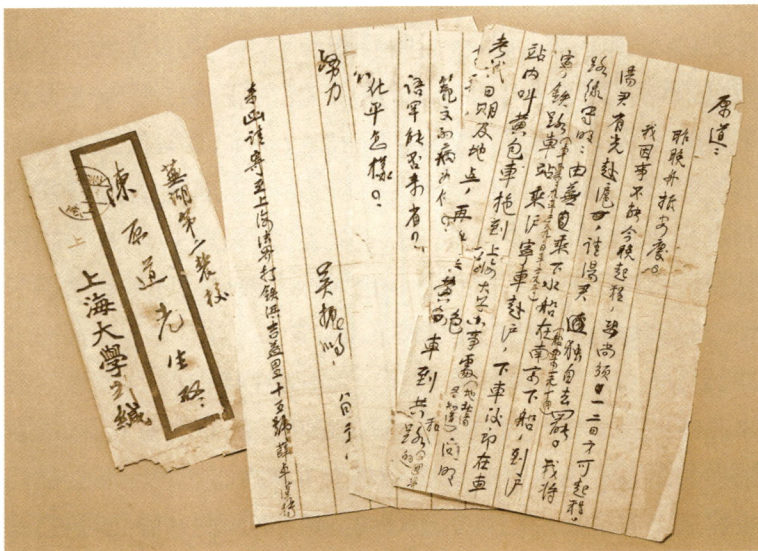

吴振鹏与陈原道烈士的通信

参与指挥五卅运动周年纪念活动

上海大学开学后,吴振鹏在校内初识了自己未来的妻子——王履冰。

王履冰,重庆人,毕业于四川省立第二女子师范学校,与重庆妇女运动先驱廖苏华是同学。在校期间,王履冰经常和进步同学在一起,学习革命道理,提高革命觉悟,积极参加革命活动,在斗争中不断锻炼自己。1925年6月2日,上海五卅惨案消息传到重庆后,各界群众群情激奋,再一次掀起反帝斗争浪潮。工、学、妇女等界84个团体联合组成"英日惨杀华人案重庆国民外交后援会",王履冰担任庶务部副主任。其间,她和廖苏华积极响应,带领第二女子师范同学组成小分队,走进大街小巷,开展反帝反封建的宣传和募捐活动。9月13日,共青团重庆地执委召开全体团员大会,会议讨论了半年来的工作情况,并选举新的执行委员会,王履冰任妇女部主任,廖苏华为候补委员。

王履冰、廖苏华等进步学生发起的轰轰烈烈的反帝反封建斗争使当权者十分惊恐,于是以"严格教育"为理由,限制学生的行动自由,禁止学生上街游行和募捐,并无理撤换第二女子师范校长蒙裁成,安排腐朽反动的黄尚毅为校长,企图迫害进步教师和学生。

面对如此严峻的形势,共青团重庆地执委领导第二女子师范学生坚持罢课斗争。王履冰和廖苏华等带领同学上街游行宣传,学生们同仇敌忾,激动地冲入校长办公室,用童子军棍将黄尚毅赶出校门,并强烈要求当局撤换反动校长,掀起声势浩大的"驱黄"运动。黄尚毅紧急向四川省省长兼任教育厅厅长的赖心辉求救,军阀王方州、王陵基出面干预,将廖苏华、王履冰等6名第二女子师范学生开除出学校。

"驱黄"运动和开除第二女子师范学生事件,激起重庆乃至全川各界的强烈反响,反帝反封建的烈火越烧越旺。迫于燎原之势的革命烈火和社会舆论的压力,黄尚毅不得不宣布辞职,"驱黄"运动取得重大胜利。

1926年,廖苏华在长兄廖划平和四川同乡何成湘的帮助下,进入上海大学社会学系,王履冰也在党团组织的安排下赴上海大学学习。两位本是志趣相投的好友,当年又因参加"驱黄"活动一起被开除,如今都离开家乡,一同在上海大学念书,二人感情更加密切深厚了。

在上海求学期间,廖苏华一边努力读书,一边积极参加进步的社会活动。她还担任杨树浦纱厂女工夜校教师,教女工识字,讲解革命道理,教唱革命歌曲,深受女工们的喜爱,逐渐小有名气。此时的吴振鹏在工人运动中也已崭露头角。因此他们二人对彼此有所耳闻,后来由于工运工作的需要,两人渐渐建立了联系。随着革命友谊的加深,廖苏华便把好友王履冰介绍给吴振鹏认识。于是,三位热情蓬勃的年轻人,心中怀揣着共同的革命理想,渐渐地走到了一起。

1926年5月12日,中共中央发出第103号通告,要求在五卅周年纪念日到来时,各地罢市一天、罢工一天、罢课三天,并举行游行、集会、演说。中共上海区执委成立了五卅行动委员会。为了避免不必要的牺牲,中共上海区执委要求以"和平"方式游行和演讲,力求避免冲突。

5月29日,5000余人在虹口方家木桥隆重举行五卅烈士公墓奠基礼。代表们沉痛悼念五卅死难烈士和12月牺牲的刘华烈士,陶静轩代表上海总工会发表演讲。会后,群众抬着烈士的遗像,高呼口号,列队在闸北游行。

5月30日,全市统一罢工、罢课、罢市。当天上午,由上海总工会、学联、妇联、国民党市党部等联合发起的上海市民五卅周年纪念大会,冲破重重压力,在西门公共体育场隆重举行。1000余团体的6万人参加了大会,主要是工人和学生。会场外,工人纠察队手挽着手,筑成铜墙铁壁,维护会场的秩序。会场内插满了旗帜,挂满了挽联,气氛庄严肃穆。杨贤江发表演讲,号召上海各界革命的民众,挺身奋起,恢复反帝联合战线,实现五卅运动未完成的任务。

上午11时,大会结束。随即举行了声势浩大的示威游行,反帝反军阀的口号此起彼伏,震撼大地。游行队伍浩浩荡荡地穿过闹市中心,万人空巷,市民争相观看。下午,500多支由工人、学生和妇女组成的演讲队,共3000余人,悄悄进入戒备森严的公共租界,逐步向南京路五卅惨案流血处及附近靠拢。

吴振鹏作为团曹家渡部委书记,担任分区总指挥,亲临一线坐镇指挥。十多位邮递员骑着自行车在南京路疾驰,他们举着小旗,一边高呼反帝口号,一边散发传单。原先站立在马路两旁的演讲队员应声列队,向周围的群众激情演讲。来自小沙渡的1000多位工人,在南市游行后,进入公共租界区,昂首阔步踏上南京路,最前面的旗手举着标语作引导。游行队伍拦下英商电车,在其车厢上贴上"取消不平等条约"等大幅标语。

租界当局担心再次爆发类似去年的五卅斗争,早就下令巡捕不许开枪。巡捕在现场挥舞警棍驱打群众,还动用高压水龙头喷射游行队伍。吴振鹏号召群众捡起石头、砖头、瓦片奋起反击,斗争一直持续到晚上7点。各马路商界总会联合会单独举行了五卅死难烈士追悼会,各马路商界都分别进行了各种悼念仪式。

这次五卅运动一周年纪念活动取得了圆满成功,沉重打击了帝国主义的嚣张气焰。吴振鹏领导分区群众在租界内高呼反帝口号,张贴反帝标语,他们沿街向店主、住户和观望的人们宣传反帝的道理,发放传单,还同前来干涉的巡捕搏斗。他们真挚的爱国情感打动了沿途的人们,大家争相阅读传单,不断鼓掌、喝彩,有些人还递送茶水表示支持。帝国主义势力在英勇的上海群众面前,心惊胆战,一直不敢开枪。赵世炎评价说:"这不能不说是八十年来帝国主义者第一次对中国民众的退让。"①

6月21日,中共上海区执委召开党的组织问题会议。会上指出,杨树浦、引翔港、小沙渡是比较重要的部委,要尽量使他们健康发展,然后逐渐及于其他部委。为了加强党团关系,团部委书记加入党组织任干事,团部委召开全体团员会议时,党部委必须派人参加。

6月,吴振鹏被调至团引翔港部委接替曾延生任书记②,并在党组织任干事,在党部委的领导下,每周制定详细周密的工作计划。他敏锐地抓住申新纱厂罢工事件,积极宣传团组织的作用,扩大团组织的影响力。他见到引翔港一带工厂林立,工人队伍庞大,立刻萌发了在工人集中地区再办一所工人夜校的想法,以便教育更多的青年工人。经过团组织协商,很快便在松潘路(杨树浦路口)小菜场附近一个弄堂里办了引翔港工人夜校,招收了附近工厂的工人来上课。通过一系列措施,吴振鹏把引翔港地区团的工作开展得轰轰烈烈,仅6月份便发展了33名团员,推荐3名团员入党。③ 吴振鹏也于同年转为中共党员。④

---

① 施英(赵世炎):《五卅纪念运动之教训和上海民众之责任》,《向导》第156期。

② 中共中央组织部、中共中央党史研究室、中央档案馆编:《中国共产党组织史资料》第1卷,第309页,中共党史出版社,2000。

③ 中共杨树浦区委办公室、中共杨树浦区委党史资料征集办公室、上海市杨树浦区档案局(馆)编:《中共沪东地区党史大事记(1919.5—1949.5)》,第55页,1961。

④ 中共江苏省委党史工作办公室、中共南京市委党史工作办公室、雨花台烈士陵园管理局编:《雨花魂》,第202页,中共党史出版社,2015;郭必强:《吴振鹏传略》,《江西青运史研究》1989年第1期,第28页。

参加第一次上海工人武装起义

1926 年 7 月 9 日,国民革命军在广州举行北伐誓师典礼,拉开了北伐战争的序幕。在北伐胜利进军的凯歌声中,五卅运动后暂时处于低潮的上海工人运动重新高涨起来。在中共上海区执委和团江浙区执委的领导下,1926 年 6 月到 9 月,上海工人举行了多达 100 余次的罢工斗争,参加罢工的工人达 20 余万人。通过罢工斗争的实践,上海工人阶级的组织性、纪律性和政治觉悟都有显著提高,工会组织也有很大发展,许多工厂和工会相继建立了工人纠察队或自卫团。

9 月上旬至 10 月下旬,中共上海区执委召开了一系列会议,研究、讨论革命形势和武装起义的方针、策略,明确提出要配合北伐进军,号召国民会议运动,在上海发动民众暴动,推翻北洋军阀的反动统治,夺取上海的市政权。上海区执委发表《告上海市民书》,向上海民众揭露了帝国主义、官僚军阀和大买办阶级残酷压迫剥削上海人民的罪行,煽起了反抗强暴的革命怒火,拉开了上海工人武装起义的序幕。

这次武装起义由上海总工会酝酿准备,担任起义领导的最高权力组织是中共上海区执委。

9 月中旬的一天夜晚,在闸北宝兴路一座石库门房子前楼,中共上海区执委举办的第一次军事训练班正在上课,学员是来自全市各区部委、重要产业工会的几十名代表。吴振鹏和袁玉冰等具有军事训练实践经验的党团干部和骨干参与并担任了分科教员和辅导员。①

10 月,在上海区执委的领导下,上海总工会、国民党上海特别市党部、江苏省党部、上海学联等组织,加紧武装起义的准备工作。当时参加起义的有三支武装力量:第一支是中国共产党领导的上海总工会工人纠察队,共 2000 余人,他们阶级觉悟高,斗争性强,但是缺乏必要的

---

① 曹峰峻:《红灯永远照亮中国》,第 82 页,江苏凤凰文艺出版社,2018。

装备和军事训练;第二支是总商会虞洽卿掌握的保卫团,也就是资本家的护厂队,身份合法,武器精良;第三支是国民党特派员钮永建的武装力量,主要成分是流氓无产者。

16日,北洋政府浙江省省长夏超和钮永建约定,脱离孙传芳,归附国民政府,于是突然通电全国,宣布"独立",誓师北伐,次日即派人率保安队2000人由杭州向上海进发。夏超的归附,加快了武装起义的准备工作。

19日,上海区执委讨论了武装起义的具体计划,对起义领导班子作了调整,内部秘密总指挥为李震瀛,区执委秘密接洽为罗亦农、赵世炎和汪寿华。吴振鹏、袁玉冰等团江浙区委主要负责人担任分战场的负责人。20日,上海区执委又发表《告上海市民书》,谴责孙传芳的罪恶统治,对全浙江工会等团体提出的孙、蒋先行停战要求进行批判,痛斥这是军阀宰制下的幻想,是为孙传芳维持势力的"和平运动"。上海区执委指出,上海市民要得到真正和平,只有一条路,即是市民自己武装起来,推翻一切军阀政权,建立市民政权。

可是不久,夏超部队被孙传芳击溃,夏超兵败被杀,形势非常不利。但由于消息不灵通,23日上海区执委仍仓促决定起义。

当天晚上,许多工人纠察队员和工人群众枕戈待旦,准备参加武装起义。由于钮永建的队伍泄密,淞沪警察厅早就加强了防范。24日凌晨,吴振鹏负责带领杨树浦地区工人纠察队向市区指定地点进发,但因为人多目标大,很快被军警发现。形势非常急迫,隐蔽不住索性进行反抗。于是在吴振鹏的指挥和命令下,阻击了十多个军警,摧毁了十几个警察哨卡,一路披荆斩棘,突破重重阻拦,继续往指定地点迈进。到了指定地点后,他预感形势不对,立即让队伍埋伏起来,以伺时机。可是一直到凌晨4点,原定的起义信号——黄浦江上军舰的炮声没有等到,却突然枪声大作,浦东还发生了爆炸。后来证实,浦东和沪西因消息泄露,起义尚未发动,领导人陶静轩、江元青等6人就被捕了。上海区执委获悉夏超完全失败的消息,马上下令停止行动。不过斜桥、唐家湾、南洋大学附近的部分起义者已经向敌人发起了进攻,但是很快被军警驱散。就这样，起义还没有正式发动起来就失败了。

这次起义失败后，上海区执委召开主席团会议、各部委书记联席会议、活动分子会议。会上，吴振鹏和各部委书记、活动分子激烈讨论，总结失败的经验教训。吴振鹏通过这次起义，深刻认识到资产阶级的软弱，不能过高估计他们的力量。他更领会到国民党是靠不住的。

一个月后，即11月中旬，北伐军占领江西全境，江西九江建立了中共九江地执委①。为了促进工农运动和党组织的发展，是年底，吴振鹏被派往九江，踏上新的革命征程。

---

① 中共中央组织部、中共中央党史研究室、中央档案馆编：《中国共产党组织史资料》第1卷，第453页，中共党史出版社，2000。

参加国民党九江市党部工作

　　1924 年国共合作建立后，江西革命形势迅猛发展。经团中央批准，中国社会主义青年团九江地方执行委员会成立（简称青年团九江地执委），直属团中央领导，下属 4 个团支部。① 经青年团九江地执委的积极筹措，6 月 10 日，中国国民党九江市党部秘密成立。②

----

　　① 中共中央组织部、中共中央党史研究室、中央档案馆编：《中国共产党组织史资料》第 1 卷，第 464 页，中共党史出版社，2000。
　　② 参见中共九江市委党史工作办公室编《九江人民革命史》，第 53 页，新华出版社，2010。

1925 年 2 月 6 日，共青团九江地执委①联合 20 多个团体，成立了九江国民会议促成会。孙中山先生去世后，国民会议促成会组织各种追悼活动，宣传"联俄、联共、扶助农工"三大政策，激励各阶层积极分子加入国民党。到 1926 年春，九江先后建立了小池口、港口、黄老门、马楚等区党部 7 个，所辖各乡共成立区分部 25 个。

从 1926 年 7 月起，北伐军在短短 3 个月内，就以秋风扫落叶之势击败曾经不可一世的吴佩孚，攻占湖南、湖北两省。颇为震惊的孙传芳突然派重兵从江西向湖南、湖北的北伐军侧翼进攻。随着战局的变化，北伐军转向江西作战，连克多地，于 9 月中旬攻占南昌。孙传芳迅速调集主力反扑，南昌再次落入敌手。

1926 年秋，针对国民党九江市党部内右派势力有所抬头的趋势，中共九江特支书记曾延生开始主持改组市党部的领导机构，成立以中共党员和共青团员为骨干、革命左派占优势的国民党九江市党部执行委员会。

11 月 5 日，北伐军攻克九江，这下完全扭转了江西战局。6 日，以中共党员为骨干的国民党九江市党部在塔公祠（现址为柴桑小学）公开挂牌办公。为了牢牢掌握国民党市党部，平衡和稳定革命力量，9 个委员中有 5 个是共产党员。中共党员帅鼓侬为九江县县长，与中共党员汪仲屏、徐文明、桂家鸿等组成九江县政府。之后，市党部所属区乡分部，港口、马楚、小池口等一一挂牌，公开活动。吴振鹏以共产党员的身份加入国民党九江市党部②，担任青年和宣传部部长的职务。

12 月中旬，受组织安排，吴振鹏和袁玉冰去上海参加江浙区团第二次代表大会。是月底，二人从上海秘密回到江西。

1927 年 1 月，中共江西地执委改称江西区执委。中共九江特支改为中共九江地方执行委员会（简称中共九江地执委），直属江西区执委领导，书记仍是曾延生。2 月，团九江地执委书记丁健亚调离，吴振鹏

① 1925 年 1 月，中国社会主义青年团在上海召开第三次全国代表大会，确定将"中国社会主义青年团"正式更名为"中国共产主义青年团"。

② 参见郭必强《吴振鹏传略》，《江西青运史研究》1989 年第 1 期，第 28 页。

接任书记①。

　　之后吴振鹏协助曾延生开展各项工作,召开多次会议。每次开会前,吴振鹏总是亲力亲为,从整理会议材料、宣传、发动,到会务等一一打点、过目、执行。忙至深夜后,吴振鹏还要拿出笔墨,在寂静幽暗的小房间里,挑灯撰写会议的演讲大纲。他知道,如果只是枯燥无味地念材料,是根本无法让革命精神广为传播、深入人心的。要让工人、学生、群众对革命的思想入心入脑,必须通过演讲,用饱满的热情、激昂的词语、振奋的口号,感染与会现场的每一位代表。他还组织策划学生代表合唱队登台用朗诵和歌唱相结合的艺术形式表演《黄埔军校校歌》《国民革命歌》。这些革命歌曲的激情很快就感染了与会代表。每次当全体人员齐声合唱时,会场的气氛都会被推向高潮,雄壮而豪迈的歌声响彻全场,直冲云霄。

　　在曾延生和吴振鹏的领导和指挥下,中共九江地方党、团组织公开通过国民党市党部来指导赣北各县区的工农革命运动。中共九江地执委在发展自身的同时,努力在赣北其他没有党组织的地方陆续建立一批党组织,比如修水、星子、湖口 3 个县支部,南浔铁路特支及九江城区、农村、省立、六师等 12 个支部。

　　团组织也迅速得到健全和发展,工会、农会、学联等群众团体相继建立。同时,举办政治训练班、工农武装训练班,培养政治工作和武装斗争骨干;成立反奉运动大同盟和反文化侵略大同盟,开展反对奉系军阀"南阀"和帝国主义侵略的斗争。

　　当吴振鹏在北伐冲锋号的指引下,满怀信心、夜以继日地奋斗时,他的好兄弟袁玉冰在不远的南昌开展工作,担任中共江西区执委宣传部主任和青委书记。

---

　　① 参见中共中央组织部、中共中央党史研究室、中央档案馆编《中国共产党组织史资料》第 1 卷,第 465 页,中共党史出版社,2000。

领导对英租界的斗争

九江英租界是《天津条约》后清政府同英、法等国设立的,是近代中国 7 个在华英租界之一,另外 6 个是上海英租界(不久并入上海公共租界)、天津英租界、汉口英租界、镇江英租界、广州英租界和厦门英租界。九江英租界也是九江唯一的租界。从租界设立之日起,江西人民尤其是九江人民深受其害,收回英租界是九江人民多年的愿望。

1927 年 1 月 1 日至 3 日,武汉各界庆祝国民政府迁汉和北伐胜利,统一组织讲演队到各重要地段讲演,宣扬革命思想。3 日下午 3 时,讲演队的几名宣传员进入武汉第一码头江汉关前面中英交界的空场内讲演。英租界当局调动大批武装水兵登陆挑衅,并用刺刀驱赶群众。群众怒不可遏,但却手无寸铁,只能投石以抗。英军当场将海员李大生等 2 人刺成重伤,轻伤数十人,酿成血案。

当时,中国共产党领导的湖北省总工会第一次代表大会正在汉口召开。得知消息后,李立三、刘少奇立即领导全体代表声讨英帝国主义的暴行,并于当晚发表《为反对英水兵惨杀同胞通电》,提出请国民政府收回汉口英租界等六项要求和实行抵制英货、封锁英租界等五项办法。

1 月 4 日,武汉工、农、商、学各界举行联席会议,要求政府立即向英提出严正抗议,并解除英租界巡捕及义勇队的武装,由中国政府派军队管理租界。5 日,在共产党人李立三等领导下,武汉工人和市民 30 万人举行了反英示威大会。大会通电全国全世界,要求一致声援,与英帝国主义者决一死战。

消息传来,九江人民奔走相告,呼吁要学习武汉人民的反帝革命精神,与帝国主义做坚决斗争。中共九江地执委接到上级党组织关于支援武汉人民反帝斗争的指示,九江总工会也收到了全国总工会的通知,组织九江工人及各界群众举行大规模的宣传活动和集会游行,向英国领事馆抗议,支援武汉工人。

6日,英国人雇九江工人搬运行李上船,纠察队员吴宜三发现后,上前劝阻工人不要为英国人卖力而破坏罢工。被雇人不听劝,两人发生了口角。英国人大怒,呼唤英国水兵登岸,用大棒殴打吴宜三,吴当即被打昏,伤势严重。在场的工人和过路市民蜂拥向前,高呼:"不许洋人打中国人!"英国人恼羞成怒,立即又招来十几个水兵,手拿铁皮包头的警棍,棍拳交加殴打工人,致使数名工人重伤。工人和市民们义愤填膺,向租界冲去并高呼"反对英兵在九江杀人!""打倒英帝国主义!"这时,租界的铁门已经关闭,军警巡捕倾巢出动,并在各个闸门口架起机枪,江中的英舰也准备开火。

吴振鹏得知消息后,立刻意识到形势危急,不能耽搁,于是马上向曾延生汇报情况,研究对策。曾延生听完非常赞同,指示吴振鹏加快部署安排。于是吴振鹏亲自联系、组织九江的团员、青年工人、进步学生高喊着"冲进洋街去",全部涌向租界。英舰见状急忙对市区放了两炮,恫吓群众和国民革命军。驻九江的国民革命军独立第二师师长贺耀祖听见炮声后勃然大怒,立即带领一个团冲到江边。在革命军的支持掩护下,吴振鹏组织九江码头工人和市民手持扁担、棍棒,拆除了英租界四周密布的铁刺网,撞开了租界铁门,拥进了租界。

9日,由九江民众各团体联合组织的九江市民对英外交行动委员会正式成立。随即通电全国同胞,表示要代表人民力争外交胜利,维护租界治安,要求全国同胞对九江发生的惨案群起力争,以彰公理而保国权;并在此期间负责处理租界一切事务。

12日,中共中央发表宣言,号召全国工人、农民及一切被压迫民众,公开表明对国民政府的赞助,要求英国人承认群众所提出的要求,撤退英国驻华海军,取消治外法权,收回英租界,撤退各帝国主义驻华军队。并希望国民政府坚持到底,不要对英帝国主义让步。中共中央总书记陈独秀发表了《谁杀了谁》的文章,以充分的事实揭露、批驳英帝国主义的谎言,声援九江人民。国民革命军第六军抵达九江,接替独立第二师警备九江英租界任务。

13日下午,九江各界1万多人,在大校场举行反英运动示威大会。

曾延生、吴振鹏等九江党团干部、骨干代表悉数到场，群情激愤，高呼"打倒英帝国主义！""收回英租界！"等口号。第六军党代表、政治部主任、共产党员林伯渠在会上做了演讲，会后举行了游行。

经过一个多月的顽强斗争，2月20日，在全国人民的声援和支持下，在中国共产党的正确领导和组织下，英国政府被迫与国民政府外交部长陈友仁签订了《九江英租界协定》，规定"自3月15日起，将九江租界区、区域行政事宜无条件移交国民政府"。① 1927年3月15日，九江英租界由中国政府正式收回，九江人民收回英租界的斗争取得了彻底胜利。

全体九江人民，尤其青年工人、学生代表们，得知消息后振奋不已，激动得热泪盈眶。血与泪的团结反抗终于获得了成功。吴振鹏在安庆和上海时积累下的斗争经验，使他在这次收回英租界的抗争中披荆斩棘、势如破竹。他周密的部署、慷慨激昂的演说，点燃了很多学生、团员奋勇反抗、一往无前的激情。九江的学生、青年提起他的名字，无不交口称赞，佩服崇拜。

粉碎国民党右派阴谋

随着工农运动的迅猛发展，革命与反革命的斗争变得日益尖锐起来。混进革命阵营的国民党右派加紧了反革命活动。

早在北伐战争之前，以蒋介石为代表的国民党右派就制造了反共反人民的中山舰事件；北伐战争中他们反对、仇视、压迫工农运动，极力限制革命发展，破坏革命的丑恶面目日益暴露出来，最终成为帝国主义和封建势力的代理人。

北伐军攻克九江后，蒋介石企图使九江变成反革命活动重要基地

雨花台烈士传丛书
吴振鹏传

---

① 中共九江市委党史工作办公室编：《九江人民革命史》，第103页，新华出版社，2010。

的幻想化为了泡影。蒋介石几次带领国民党中央特派员、AB团①头目段锡朋，总司令部特务处长杨虎等从南昌窜到九江，授意九江国民党右派头目李鸿焘、高伯围、王若渊等组织国民党九江县党部，与共产党员和国民党左派组成的国民党九江市党部进行对抗，企图篡夺九江革命的领导权。

吴振鹏判断，县党部派一定妄想首先从争夺农民运动领导权开始，逐步向共产党领导的人民革命运动发起进攻。果然，县党部派到处散布谣言，挑拨市党部与广大农民的关系，肆意造谣"市党部只能领导城区工作，乡村工作应由县党部领导"，禁止区党部挂"九江市××区党部"牌子，要改挂"九江县××区党部"牌子。②

对于这种情况，曾延生、吴振鹏等中共九江地执委党团领导认真贯彻中央精神，以革命大局为重，一方面警惕县党部的破坏阴谋，另一方面尽量与之合作完成革命事业。但是，代表封建地主豪绅利益的县党部变本加厉、作恶多端，很快暴露了反共反人民的本质。

1927年2月，市党部召开九江县农民代表大会，研究部署"向土豪劣绅进行斗争"和"民主选举县农民协会组成人员"的工作事宜。国民党右派认为时机已到，便着手采取各种欺骗手段，企图夺取农民运动的领导权。

右派代表李鸿焘以国民党江西省党部特派员身份参加会议，企图操纵会议。他在会上大放厥词，认为农民穷就是因为不识字，农民参加农民协会就是为了学文化，学了文化再学三民主义，然后才能搞革命工作。他企图篡改农民运动的方向，进而篡夺农民协会的领导权。曾延生以省农民协会特派员的身份出席会议，听完立刻针锋相对地指出，农民穷，穷根就是受剥削受压迫，只有打倒土豪劣绅，挖掉穷根，才

① 1926年7月，蒋介石为了实现其蓄谋已久的反革命计划，责成其党羽陈果夫指派段锡朋、郑异等人以国民党中央特派员的身份到南昌，以负责党务为名，进行篡权的阴谋活动。段锡朋到南昌后，便以"庐陵同乡""北大同学"等关系，网罗一批出身地主买办阶级的反动知识分子，在国民党江西省党部内组织起一个秘密的反共组织——AB团，英文Anti-Bolsheviki的简写，意思是反布尔什维克。

② 中共九江市委党史工作办公室编：《九江人民革命史》，第104—105页，新华出版社，2010。

能翻身解放，才有学文化的条件。曾延生痛斥李鸿骞的无耻谰言，警醒大家不要再上当受骗了，要谨防扒手窃取革命的胜利果实。

曾延生的演说受到代表们的热烈欢迎和赞扬。一些受右派欺骗在政治上表现模糊的代表觉醒了过来。代表们纷纷发言，严厉斥责右派的阴谋。大会选举产生了以共产党员和国民党左派占绝对优势的九江县农民协会，粉碎了右派的阴谋，端正了农民运动方向。

九江县党部的欺骗阴谋失败后，继续制造谣言，说"市党部只管工人，不管农民"，"市党部要取消农民协会"，欺骗、煽动农民组织九十三号代表团到九江城请愿。[①] 曾延生、吴振鹏等党团骨干组织工人和市民，举着"欢迎农民，打倒土豪劣绅""拥护农民协会"等大幅横幔到郊区迎接农民进城；在街头巷尾悬挂横幔，张贴标语，热情招待受骗农民；召开联欢大会，耐心做解释工作，揭穿国民党右派的阴谋。受欺骗的农民看清了国民党右派的反革命本质，非常气愤，纷纷自行返回，将有县党部字样的牌子摘下，重新挂上有市党部字样的区党部牌子。此后，区党部请示报告工作都与市党部发生联系，县党部完全陷于孤立，九江市党部在此次争夺领导权的较量中最终取得了胜利。

"三一七"惨案

眼看共产党和国民党左派的斗争力量日益强大、工农运动蓬勃发展，国民党右派集团越来越恐慌，他们勾结帝国主义和地主买办阶级，叛变革命，对工农革命实行镇压和屠杀。

1927 年 3 月 6 日，蒋介石指使其党羽捣毁赣州总工会，并惨杀总工会委员长、共产党员陈赞贤。仅仅十天后，蒋介石又指使段锡朋解散左派的国民党南昌市党部、查封省学联，还指派自己的卫队长温建刚和陈群、杨虎与九江县党部策划反革命阴谋。他们决定利用"三一八惨

① 中共九江市委党史工作办公室编：《九江人民革命史》，第 105 页，新华出版社，2010。

案"①周年祭的名义,欺骗农民进城,直接策划指挥反革命事宜。

16日,蒋介石从南昌到达九江,接见国民党九江县党部右派头目,策划反革命阴谋活动。当日县党部大门口彩旗飘扬,横幅高挂,夹道欢迎的队列又长又吵。当蒋介石从车门跨出时,现场随即鼓乐喧天、鞭炮齐鸣,欢迎队伍沸腾嘈杂,分外激动。蒋介石满脸堆笑,向欢迎人群点头示意。这看似欢腾热烈的场面隐藏着残酷的暴行,右派头目春风得意的笑面掩饰着冷冽的屠刀!

果不其然,第二天,县党部的右派头目王若渊、瞿非墨、胡巨人、高伯韩分头下乡欺骗农民"蒋总司令欢迎农民上街,每人发现洋两元"②,组织九江县大桥、沙河、港口和江北等地数百名农民涌进城里,举行游行示威。地主豪绅、青洪帮和流氓地痞带着凶器,混在农民当中,将市党部层层围住。

见此情形,市党部常务委员严燕僧、团九江地执委书记吴振鹏等人立刻出面向农民耐心解释。吴振鹏围绕着国共合作、北伐目的和意义深入浅出地劝解。他动之以情、晓之以理,态度和蔼亲切。部分农民很快知道受骗了,纷纷退出市党部。

王若渊等人眼看阴谋又将破产,气急败坏,立马发出暗号,突然一群流氓蜂拥而入,面孔狰狞如恶狼一般,举着棍棒扑向台阶上的严燕僧、吴振鹏等人。现场顿时一片喊叫,混乱不堪。几个流氓打手发了疯一样,将棍子拦腰向吴振鹏横扫过去,吴振鹏一个踉跄,摔倒在地。先是几秒钟的麻木,之后钻心的疼痛阵阵袭来。吴振鹏顾不了疼痛,想竭力爬起来,可是剧痛让他意识有点模糊。他看不清眼前,耳边嗡嗡作

①　1926年3月,日本挑起大沽口事件,联合英国、美国等八国公使向北洋政府下达撤除津沽防线等要求的最后通牒,激起中国人民的强烈愤慨。为抗议帝国主义者的霸道行径,在中共北方区委和国民党北京执行委员会的领导下,北京各界群众1万余人于3月18日在天安门前举行"反对八国通牒国民示威大会"。会后,与会民众举行示威游行,高呼"打倒帝国主义""打倒丧权辱国的政府"等口号。荷枪实弹的政府卫队突然进入游行队伍向群众开枪射击,造成47人遇难、近200人受伤的惨案。军阀政府还下令通缉领导示威的李大钊和国民党左派徐谦等人。鲁迅称这一天为"民国以来最黑暗的一天"。社会各界纷纷谴责段祺瑞政府屠杀人民的暴行,4月20日,段祺瑞被迫辞职。

②　中共九江市委党史工作办公室编:《九江人民革命史》,第106页,新华出版社,2010。

响……这些流氓急红了眼，看吴振鹏摔倒在地后，更是变得丧心病狂，拳脚相加。旁边的工人纠察队员看到后，立马跳过来奋起抵抗，掩护并背着吴振鹏撤退，市党部工作人员也退守党部办公楼，快速从后门撤退。暴徒打进市党部后大肆破坏，将礼堂的桌椅、门窗、板壁砸得稀烂，文件书籍全部焚毁，孙中山遗像撕成碎片任意践踏，市党部被掠夺一空。接着，暴徒们又围攻市总工会，捣毁办公设施。

吴振鹏被立即送到医院抢救，经诊断多处骨折，伤势严重。医生对他的伤口进行了消毒清洗，缝合包扎。此时的吴振鹏也顾不了自己的伤势，他一直牵挂刚刚护着他而被暴徒袭击的曹炳元，催促身边的队员赶紧询问曹队长的情况。

一直到了晚上，才有队员过来报告曹队长的情况：曹队长被现场砍伤后，立即送往医院抢救，不幸他中刀太多，血流不止，医生也无力回天了……队员哽咽着说不出话来，吴振鹏眼泪夺眶而出，他闭上眼睛，长吁一口，低声地说："曹队长是为了保护我啊！"身旁的队员连忙劝他不要多想，好好休息，安心养伤。

反动右派分子光天化日之下将市党部和总工会抢砸一空，惨杀工人纠察队队员，打伤市党部工人和中共党团干部多人，酿成"三一七"惨案。中共九江地执委立刻采取紧急措施，调集全市工人纠察队包围全城，向暴徒进行反击。国民革命军第六军政治部也派出军队协助镇压，反动分子纷纷逃窜，工人纠察队逮捕暴乱分子50多人。

蒋介石见工人纠察队的力量如此强大，十分恼怒，表面上却装出一副假面孔，派他的卫队以保护为名弹压工人，占领市党部和总工会；并派军警从工人纠察队手中索要暴徒，大设宴席犒赏，傍晚护送暴徒出城。

蒋介石这一公开的反革命行动，激起九江市广大工农群众及革命人士的极大愤恨，纷纷表示抗议。工人们要求举行"三一八"总罢工，又选出代表向总部请愿，总算把6位被打得奄奄一息的同志搭救回来。蒋介石当晚任命第六军留守唐蟒为戒严司令官，命令实行戒严，禁止和镇压群众反抗，宣布假若18日有工人罢工，便立行拘捕。

"三一七"惨案发生后,九江人民怒不可遏,中共九江地执委和国民党九江市党部根据群众的要求,派代表赴武汉向武汉国民党中央和国民党政府控告蒋介石的暴行。接着,改组国民党九江县党部,由共产党员戴振球任常委。由市党部、总工会、农民协会、学联、妇联、商协等组织选派代表,组成九江人民裁判委员会,推举共产党员王子平为委员长,负责对"三一七"惨案首犯的审判处理工作。同时,加强工人纠察队力量,逮捕暴乱分子的幕后操纵者。并发动工人、农民及各界群众,高呼"支持革命""打倒土豪劣绅"等口号,把县党部右派分子吓得魂飞魄散。

047

负伤未愈的吴振鹏主动加入逮捕战斗,亲自带领市党部、总工会和市农民协会的相关负责人,领导工人纠察大队和革命群众分四路包围九江县党部。县党部的人见此情形,吓得纷纷逃窜,作鸟兽散。很快,吴振鹏等人便以革命手段捣毁反动巢穴,逮捕了直接参与"三一七"惨案的首犯王若渊、瞿非墨、陈文豪、刘伯勋等人。

4月2日上午,南昌工人、农民、学生等各界群众数千人在钟鼓楼新舞台召开控诉AB团罪行大会。在朱德军官教育团的协助下,集会群众冲进国民党右派把持的江西省党部,解除了省党部纠察队的武装,当场抓获30余名AB团骨干分子,段锡朋、周利生趁乱乔装打扮,连夜逃往南京。至此,由AB团把持近3个月的省党部宣告失败。

"三一七"惨案之后,蒋介石从九江沿江东下,又制造了一系列惨案,于3月下旬到达上海。在上海,他与帝国主义,买办资产阶级及帮会流氓勾结,发动四一二反革命政变,成立南京国民政府,与武汉国民政府对抗。九江的反革命势力乘机公开活动,提出"反对赤色恐怖""反对跨党分子""拥护蒋总司令"等反动口号,到处散布谣言,制造紧张空气。①

时任国民革命军总政治部副主任的郭沫若同志写了一篇声讨蒋

---

① 参见中共九江市委党史工作办公室编《九江人民革命史》,第108—109页,新华出版社,2010。

介石的檄文——《请看今日之蒋介石》，文章充分揭露蒋介石制造九江"三一七"惨案的情形和反动面目。他在文中悲愤地指出，九江的"三一七"惨案已经在我们革命的历史上留下一个永远不能磨灭的污点。蒋介石已经不是国民革命军的总司令，他是流氓地痞、土豪劣绅、贪官污吏、卖国军阀、所有一切反动派——反革命势力的中心力量。他的手段比袁世凯、段祺瑞还要凶狠。他之所谓赴前线督师作战，就是督流氓地痞之师来和民众作战。赣州、南昌、九江的事变都是出于他们的指使。

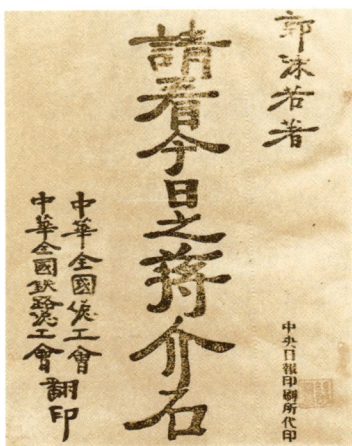

郭沫若著《请看今日之蒋介石》之封面

吴振鹏负伤休养的同时，并没有放松对蒋介石行动路线的打探。作为一名青年革命者，他深知必须要对现阶段的政治路线和斗争的策略做到适度把控和正确执行，要不断总结自己在革命道路上的实践经验和教训，只有这样，才能对中国革命的方向和未来做出正确的预判。

4月25日，九江市党部在大校场举行九江各界群众数万人参加的反蒋大会。会场极为庄严，主席台前贴有"革命者请进来，反革命滚出去"的标语。会上，各团体各阶层代表纷纷发言，愤然谴责蒋介石叛变革命的罪行，会场到处散发郭沫若揭露蒋介石惨杀革命力量的小册子《请看今日之蒋介石》。

吴振鹏在会上慷慨陈词,他对革命形势做了深入分析,毫不留情地揭露蒋介石的反动本质,狠狠批判投降主义。他号召会场的各界群众要认清形势,不抱幻想,坚决斗争,绝不妥协!在他的情绪带动下,群情激愤,会场里雷鸣般的掌声阵阵响起,打倒蒋介石的口号此起彼伏,气氛推向了高潮……

成为团中央领导

1927 年 4 月 12 日,蒋介石在上海发动反革命政变。中国政治风云突变,革命联合战线内部发生巨大变动和分化。在大革命紧急关头,中国共产党于 4 月 27 日至 5 月 9 日在武汉举行第五次全国代表大会。党的五大提出争取无产阶级对革命的领导权,建立革命民主政权和实行土地革命等正确的原则,但对无产阶级如何争取革命领导权,如何领导农民实行土地革命,特别是如何建立党领导的革命武装问题,没有提出有效的具体措施,难以承担挽救革命的任务。

五大闭幕的第二天,即 5 月 10 日,中国共产主义青年团第四次全国代表大会在武昌第一小学隆重举行。参加大会的有 60 余名来自全国各地的共青团和童子团代表,共产国际、青年共产国际,英、美、法等国的共产党代表,以及国内各政党团体代表。吴振鹏当时担任中共江西地执委青委书记[①],也参加了此次会议。

会场正中,高悬着马克思、列宁、孙中山和李卜克内西的画像,横幅上的鲜明大字写着:"我们的旗帜——列宁;我们的武器——列宁主义;我们的任务——世界革命"。会场四周贴着"打倒背叛革命的蒋介石与封建的奉鲁军阀""武装保卫革命""被压迫的青年团结起来,为本身利益而奋斗而革命""中国共产党万岁"等标语。吴振鹏深深地感受到会

---

① 中共中央组织部、中共中央党史研究室、中央档案馆编:《中国共产党组织史资料》第 1 卷,第 455 页,中共党史出版社,2000。

武昌第一小学旧址

场充斥着悲壮的气氛，那是对敌人的仇恨、对烈士的悼念、对挽救革命的信仰融汇而成的。

　　会议由任弼时主持召开，在《国际歌》的歌声终了时，任弼时用浑厚、凝重的湖南口音说："当我们最勇敢、最忠实的同志正在被新旧军阀枪杀、腰斩、火烧的时刻，我们在悲愤之后更加团结精神，在这里集会，说明战斗的共青团员没有被白色恐怖吓倒。""在这最严重的时刻，我们聚集自己的力量，来估计革命的经验，规定今后的斗争方针，为的是要继续完成已死的同志未竟的事业，答复新旧军阀和帝国主义者对中国革命屠杀和干涉。"①

　　当天下午，中国共产党代表蔡和森、恽代英向大会做了关于党的五大的报告。会上代表们热烈讨论诸项议题，接受了中国共产党所决

① 叶学丽：《在革命的重要关头坚定不移紧跟共产党　共青团第四次全国代表大会》，《视野》2015年4月，第57页。

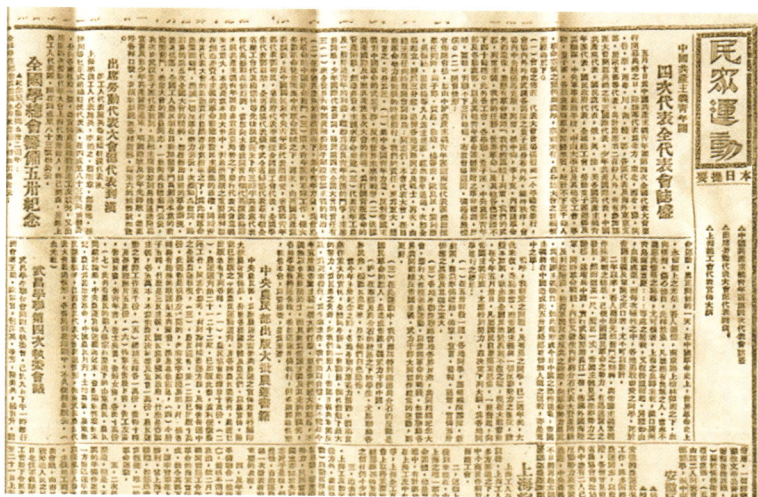

汉口《民国日报》关于共青团召开第四次全国代表大会的报道

定的争取中国革命的非资本主义前途的决议，接受了党对土地问题解
决的方式和青年共产国际的指示，肯定了共青团工作的方针，并且按
照党的要求确定了共青团的工作任务。大会充分赞誉全体团员及其
所领导的青年工农学生参加革命工作的艰苦奋斗的精神，大会的宣言
中说："证诸年来革命运动中如上海'五卅'运动、省港罢工、北伐战争、
湘鄂农村革命、乃至数次上海武装暴动等等，青年是立在最前线！迫切
的要求革命，不顾一切的参加斗争，在全国革命大队之中，是没有比青
年更甚的！"①"大会指明今后学生活动的主要方针应是'到群众中
去'——到农村中去！到军队中去！"②

　　会议期间，吴振鹏得知每天都有团员、青年被杀害的消息，他将悲
痛化为力量，变得愈发严肃坚毅。在大会分组讨论时，他将蒋介石在江
西刚刚发动过的"AB团右派反动阴谋"和"三一七"暴力夺权血案以及
其被革命阵营粉碎的过程，客观真实地汇报给组员。针对蒋介石反动

---

① 中国新民主主义青年团中央委员会办公厅编：《中国青年运动历史资料 1926—1927》，第
441 页，内部资料。
② 中国新民主主义青年团中央委员会办公厅编：《中国青年运动历史资料 1926—1927》，第
444 页，内部资料。

政变和国民党彻底反动的问题，吴振鹏总结斗争中所取得的经验和教训，结合理论知识，逐条分析了加强反制能力的方法和策略。他鞭辟入里的剖析和预判得到了组员的一致认可，大家纷纷鼓掌以示赞同。

经过一周的会议，大会通过并发表了《中国共产主义青年团第四次全国代表大会宣言》，选出了由 16 名中央委员、13 名候补中央委员组成的共青团第四届中央委员会。会后召开的团中央全会上，选出了由 7 名正式委员、3 名候补委员组成的团中央局。团中央局常委是任弼时、李求实、杨善南。任弼时当选团中央总书记。吴振鹏会上被选入大会主席团，成为团中央委员及中央局成员①。

16 日晚上，共青团四大举行闭幕式，大会宣布："全国被压迫的青年们！同志们！我们过去的革命战斗已把敌人扫射得流水落花，一切革命的敌人已在我们群众的铁拳之下战栗发抖了！目前革命运动已转入一极严重的时期，我们需要与敌人决最后之死战了！"②大会号召一切革命的青年为自己并为人类而积极投入革命的战线，加入工会、农会、学生会，加入国民党、共产党和共产青年团，加入国民革命军。大会祈求一切被压迫青年的信任与督查，大会特严重地训令全体团员勇敢地偕同全国被压迫的青年群众，在工会、农会与学生会的旗帜之下，进行更系统的、更勇猛的战斗。

任弼时站在主席台上高呼："打倒背叛革命的资产阶级蒋介石与封建的奉鲁军阀！反对帝国主义武装干涉和世界大战！武装保卫革命！建立工农小资产阶级的民主独裁政权！争得非资本主义的革命前途！拥护苏联社会主义的建设！被压迫的青年团结起来为本身的利益而奋斗、而革命！国民革命成功万岁！世界革命成功万岁！共产国际万岁！中国共产党万岁！少年共产国际万岁！中国共产青年团

---

① 中共南京市委党史资料征集编研委员会办公室、南京雨花台烈士陵园管理处编：《南京英烈（第 1 辑）》，第 293 页，南京工学院出版社，1987。

② 中国新民主主义青年团中央委员会办公厅编：《中国青年运动历史资料 1926—1927》，第 444 页，内部资料。

万岁!"①

听到这铿锵有力的号召,吴振鹏内心汹涌澎湃,他看到,不管是书记、委员还是普通代表,都在热情地探讨如何挽救民族命运,如何开创美好的国家未来。临近分别,吴振鹏和其他代表紧紧相拥,互相勉励,他的眼里闪烁着光芒,他郑重有力地拍拍战友们的肩头,用坚毅的目光将豪情与自信传递给他们!

刊登在《中国青年》上的共青团第四次全国代表大会宣言

主编团进步刊物《红灯》

在同国民党右派等各种反动势力的斗争中,为宣传中国共产党的纲领,揭露国民党右派的反革命阴谋,引导人民开展斗争,中共江西区执委②决定将原共青团南昌市委进步刊物《红灯》复刊,委袁玉冰以重任,此时的他凭借卓越的才能,被任命为中共江西区执委宣传部

---

① 中国新民主主义青年团中央委员会办公厅编:《中国青年运动历史资料 1926—1927》,第444 页,内部资料。

② 1927 年 1 月,中共江西地执委升格为中共江西区执委,共青团江西地执委升格为共青团江西区执委。

主任和团江西区委书记,着手担任《红灯》周刊的主编。在袁玉冰领导下,由徐先兆与邹努负责办刊。写稿者主要是他们三人,再加上汪群、曾天宇、吴振鹏。吴振鹏写稿以"吴季冰"名发表。当时他们根据省委指示,针对国民党右派的反动宣传,从正面或侧面给予猛烈的还击。

1927年2月13日,复刊后的《红灯》第1期与读者见面。周刊是32开小型刊物,每期16面,约七八千字。只有第5期中山纪念特号是32面,第12期和第13期合刊的五月特号是20面。内容分特载、转载(主要是党和团的文件)、正文(内有团的通知)、杂志通讯、编后等类,还有散文、诗和小说。

《红灯》周刊的宗旨在第一期祝词《寿红灯》中就指明:"大地是这般黑暗弥漫,人们是这般昏迷沉睡! 有谁呀,能够这样热烧狂燃,大放光辉,刺激深深,啊! 只有通红的红灯,只有通红的红灯!"①

当时最惹人关注的是"如是我闻"专栏。针对反动言论,专刊三言两语便能指出其荒谬,令反动分子胆寒。专栏封面画是吴振鹏精心设计的:第1期和第2期的封面画都是一个放出红光的灯筒;第3期至第14期,除了第5期之外,每期不同,但都不离红灯的意思;第5期是中山纪念特号,不便选用红色,只用袁玉冰的题字代替绘画作为封面;第15期封面画是两个少女头像,寓意刊内一篇题为《杨花水性的花姑娘》的文章。

团的四大结束后,吴振鹏返回南昌。此时,江西人民反对国民党右派的斗争正愈演愈烈,江西各地的革命群众运动又重新高涨起来。在省市县党部基本上被革命左派掌握的基础上,1927年5月20日至29日,国民党江西省第三次代表大会重新举行。参加会议的有国民党中央特派员、省政府、中共江西区委、共青团区委、省农工学商团体及各县代表。中共代表方志敏,农、工、团代表曾延生、吴振鹏全程参

① 刘小花:《江西的红色革命刊物——〈红灯〉周刊背后的故事》,《党史文苑》2012年7月,第56页。

加了此次大会。会议通过了声讨蒋介石等决议案 213 件,选举了方志敏等 13 人为执行委员,朱由铿等 5 人为候补委员,邵式平等 5 人为监察委员。

但是,时任江西省政府主席、国民革命军第五方面军总指挥的朱培德,开始暴露其反革命的本来面目,导演了一幕颇具特色的"礼送"丑剧。他将以第五方面军政治部主任兼江西省政府秘书长、共产党人朱克靖为首的军队政治工作人员共 142 人,由江西遣送回武汉。6 月 5 日,朱培德又以中央特派江西特别委员会名义,函令停止工农运动,收缴工人纠察队、农民自卫军枪械。随即宣布南昌全城戒严,禁止工农运动,以所谓"礼送出境"的方式把方志敏、袁玉冰、刘一峰、邹努、王枕心等 22 名共产党人和国民党左派人士逐出江西。

袁玉冰被逐出江西后,组织指示吴振鹏接替袁玉冰担任团江西区执委书记[①],并管理《红灯》,担任主编。此时《红灯》已经出版到第 11 期,当期封面是吴振鹏结合杂文《红灯之下的蒋介石》亲自绘画的,画的是"一个恶魔在红灯照耀下手上拿出一副漂亮的假面具"。他在文中痛斥蒋介石是"督师北伐而变为督师屠杀民众的总司令","是党之贼、民之贼",要青年认清蒋介石及其集团是"目前民众大敌,革命战线中的蟊贼",呼吁人民"杀此蒋贼"![②]

在《红灯》第 11 期上,吴振鹏还亲自撰写了《悼我们死难的同志》,揭露资产阶级的背叛,对被军阀和国民党右派杀害的共产党人赵醒侬、陈赞贤、张朝燮、曹炳元、胡遂章等表示深切悼念,号召全体革命战士化悲痛为力量,毫不妥协地同反动派进行殊死斗争。

《悼我们死难的同志》全文如下:

---

① 中共中央组织部、中共中央党史研究室、中央档案馆编:《中国共产党组织史资料》第 1 卷,第 466 页,中共党史出版社,2000。

② 参见共青团南昌市委员会编《江西文史资料选辑:南昌青年运动回忆录》,第 137 页,内部资料,1981。

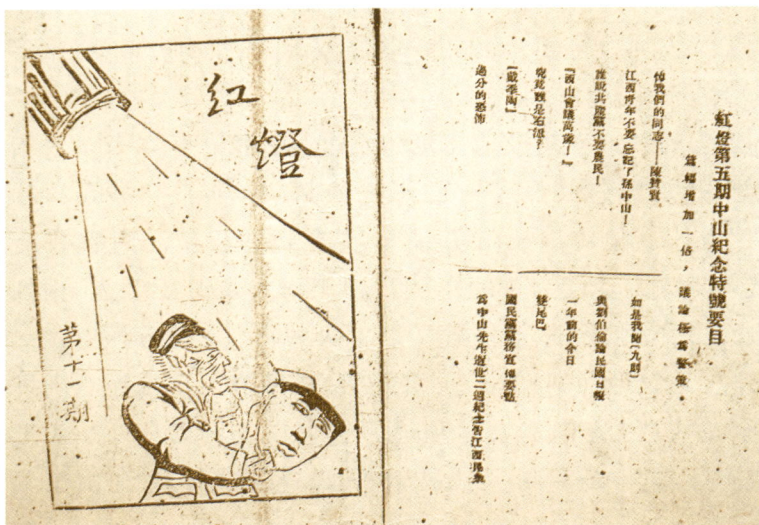

《红灯》第11期封面及目录

你们先我们而死了!

何以追悼你们,安慰你们?

只有用我们的血,我们的力,把你们的担子担起来,加紧的向前奋斗。我们是不哭的,我们的眼泪是不流的,从今天起,我们一致宣誓:我们要革命! 我们要打倒反革命! 我们要领导所有革命的同志、革命的群众,向反动的营垒户冲去! 我们的血,要和你们的血流在一起! 不把所有的反动派完全消灭,我们是决不吝惜我们的最后一滴血的。我们要奋斗到底! 革命到底!

资产阶级恨我们,资产阶级因为中国经济落后的缘故,自身软弱而无力,以至于恐惧革命,勾结所有的封建的残余势力,向革命的势力进攻,尤其是对于我们无产阶级的战士,他们的刀,他们的枪,正在毫不迟疑的向我们杀来! 他们决不会稍有仁慈的,他们正在痛饮我们战士的血而狂笑! 我们绝不会恐惧退让,血钟已经响,我们只有一致的向着红光中前进!

用我们的刺刀和枪炮开我们自己的路。我们绝不会仁慈,对待资产阶级是没有仁慈的,我们对反动派,对于我们阶级的仇敌,只有一个口号："杀！杀！杀！"

你们死了，但是我们还没有死。对着我们的仇敌，我们要一致大叫："我们在这里。"

放心呵！已死的你们！你们的血是不会白流的！①

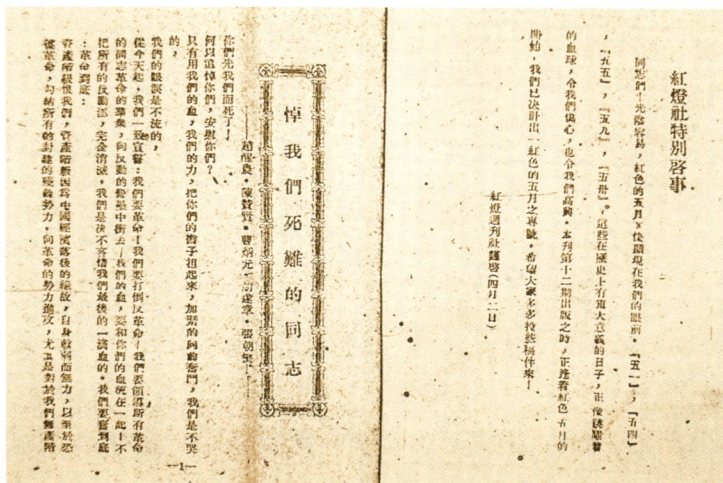

刊登在《红灯》上的《悼我们死难的同志》

第 14 期以后，由于朱培德突然倒向国民党右派势力，《红灯》周刊中断了整整两个月。

7 月 16 日，《红灯》第 15 期又突然出版了。在这期中，吴振鹏以大无畏的革命气概用笔名"季冰"撰写社论《杨花水性的花姑娘》。文章篇幅短小精炼，言辞犀利精准，掷地有声。吴振鹏以笔为枪，毫不留情地抨击貌似革命派的江西省主席朱培德的政治态度是"墙头草、两面倒"。他在文中呵斥道："在武汉的国民政府和南京的国民政府之间中立者——第三种的结合，在剧烈的革命决斗中，看来似乎是与革命势力无妨，与反革命势力无益，真正中立的态度！但实际上'中立'只是投机者的投机口吻，站在中立地位上观看革命与反革命势力的消长……这就是中立者真正的态度——'墙头草，顺风倒！'我将称之曰'杨花水性

---

① 雨花台烈士陵园管理局编：《雨花英烈文集》，第 94—95 页，南京出版社，2016。

的花姑娘'!"①吴振鹏毫不畏惧,将一腔愤怒倾泻在字里行间,给"中立者"迎头痛击!

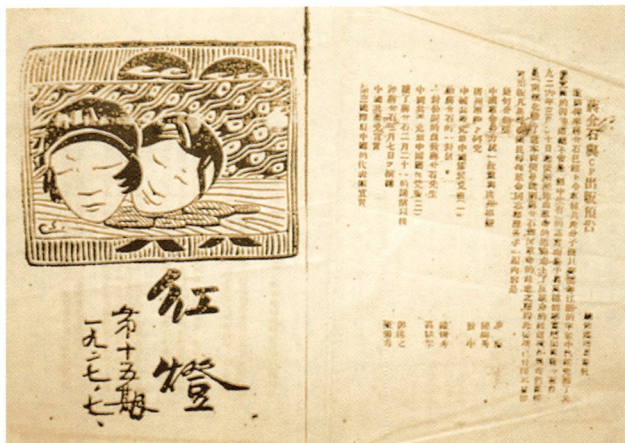

《红灯》第15期封面及目录

这篇文章一问世,便在政界掀起轩然大波,革命者拍手称快,互相推荐。吴振鹏也发动骨干组织团员、进步青年带着《红灯》深入基层,到工会、学生团体中推销发行,到车站、码头宣传演讲,很快《红灯》成为江西各地家喻户晓的周刊。

令人惋惜的是,第15期成了最后一期。宁汉合流之后,江西形势恶化,《红灯》周刊只好同读者告别,永久停刊了。

① 共青团南昌市委员会编:《江西文史资料选辑:南昌青年运动回忆录》,第137—138页,内部资料,1981。

策应起义　指挥暴动

策应支援南昌起义

　　1927年6月，中共江西区委按照中共五大通过的党章决定——"按照当时的行政区划来改变党的组织系统名称"，区委改称省委——将名称改为中共江西省委执行委员会（简称中共江西省委）。中共江西省委建立后，对各地党组织也进行了调整，已经成立地委的，分别改为县委或市委，原是特支或支部又有条件升格为县委的升格为县委；共青团江西区委改为共青团江西省委。

　　宁汉合流之后，武汉形势日益险恶，中共中央临时政治局常务委员会派遣李立三、邓中夏、谭平山、恽代英等赴江西九江，准备组织共产党在国民革命军中的一部分力量，联合国民革命军第二方面军总指挥张发奎举行武装起义,并重回广州,以实现土地革命,建立新的根据地。

7月20日,谭平山召集李立三、邓中夏、吴玉章、叶挺、聂荣臻等人在九江举行会议。会议分析认为:张发奎的态度日益犹豫右倾,其认为在第二方面军高级军官中的共产分子如叶挺等人须要退出军队或脱离共产党。会议据此判断,在这种情况下很少有可能与张发奎合作回广州。纵使可以回广东,也将难以实现我党号召农民暴动,实行土地革命,建立新的革命根据地的目标。因此,应当抛弃依赖张发奎的政策,把共产党所掌握的军队尽快集中到南昌,与贺龙的二十军联合举行南昌暴动。

九江方面的意见得到了正在庐山的瞿秋白的同意,并由瞿秋白带交中央决定。23日,第二十军军长贺龙到达九江,对起义也表示赞同。

与此同时,中央为加强对战区地方党团组织的统一领导,要求地方党团组织高度配合起义行动。7月21日至23日,中共江西省第一次代表大会在南昌松柏巷女子师范学校召开,到会代表60余人,代表全省5100余名党员。大会传达了中共五大精神,讨论了当前的政治形势,研究了今后党的工作。大会选举产生了中共江西省第一届委员会,汪泽楷任书记、陈潭秋任组织部部长、宛希俨任宣传部部长、曾延生任工委主任、徐全直任妇委主任、袁玉冰任九江市委书记。吴振鹏被推选为团省委书记。

新的省委领导机关成立后,对于配合和支援南昌起义发挥了重要作用。吴振鹏作为省团负责人,他发动全省团组织、学联等党团领导下的青年组织,特别是九江区域的团组织,指示要把一切进步青年、大中学生组织起来,热情踊跃地迎接起义部队,做好部队驻地后勤保障工作。号召共青团员和革命青年深入码头、铁路、工厂、农村、学校和商店进行广泛的宣传活动,通过宣讲、发传单、张贴标语,揭露汪蒋合流反共的罪恶,积极宣传起义的深远影响。他会同曾延生组织党团工会联合行动,发动南昌和九江的交通要塞及交通沿线的工会组织,积极配合部队移师,提供充分的后援保障。没过多久,向导队、运输队以及筹集粮草、运输弹药、情报传递等组织纷纷建立。

中共中央根据瞿秋白的汇报和在九江负责同志的来电，正式决定在南昌举行武装起义，并将起义的决定迅速报告共产国际。27 日，周恩来、李立三等从九江到达南昌，在南昌江西大旅社正式成立中共南昌起义前敌委员会。由于形势变幻莫测，最终确定 8 月 1 日凌晨 2 时举行起义。

8 月 1 日凌晨 1 时许，起义的枪声在城内钟鼓楼、贡院、新营房、天主堂、老营房等处同时打响。各起义部队根据计划，向敌人据点发起突然进攻。南昌的党组织和人民团体相继出动，有的协助起义军消灭敌人，有的在大街小巷张贴标语，有的挨门串户，或宣传起义的目的和意义，或要求商户继续营业。经过激战，歼灭了南昌守敌 3000 多人，并攻占了南浔铁路起点城北牛行车站。天亮时分，南昌城全被占领。城里一片欢腾，人们奔走相告。

从起义前敌总指挥发出起义时间后，吴振鹏就和前敌指挥部的所有同志一起守着通向各路配合点的通讯电话。起义开始后，吴振鹏立即通知车站工会会员、党团骨干人员，他们熟悉车站地形和下水道、地道，协助起义军解决守军。次日拂晓，吴振鹏即令工人纠察队上街维护市容，街上依旧有行人来往，菜贩照常挑菜上市，卖早点的照样吆喝，知道没有什么大事。吴振鹏在团省委机关，向学生们简要介绍夜里起义的情况，并说明这是党中央策划的。然后，他电告《江西民国日报》社，一是随即刊登起义军胜利的消息；二是按命令以中央委员联名向国民党顽固派发出革命宣言；三是命令组织工会、青年组织，帮助起义军打扫战场，搬运缴获的枪弹。

起义胜利后，谭平山以国民党中央执委名义，召开国民党中央委员会和各省、市及海外党部代表联席会议。

会议决议组织中国国民党革命委员会。推定宋庆龄、邓演达、张发奎、谭平山、张国焘、周恩来、叶挺、李立三、何香凝、彭湃等 25 人为委员。[1] 会

---

① 刘伯承：《南昌暴动始末记（摘要）》，载中央档案馆编《南昌起义（资料选辑）》，第 89、108 页，中共中央党校出版社，1981。

议发表了《中央委员会及各省区特别市海外各党部代表联席会议宣言》,指出"此革命委员会之职责,在继续本党革命之正统。于最短期间,当确立一革命之新根据地,以便召集第三次全国代表大会,讨论一切党国大计,重新选举本党中央执行委员,以便指导全国革命运动"[1];宣布拥护孙中山的"三大政策";号召一切革命力量共同努力,为获得新的根据地,解决土地问题,反对帝国主义、封建势力和一切新旧军阀而斗争。起义军仍沿用国民革命军第二方面军番号,由贺龙兼代总指挥、叶挺代前敌总指挥、郭沫若为总政治部主任、刘伯承任参谋长,下辖第九、第十、第二十军3个军,共2万余人。

8月1日上午,省委书记汪泽楷来到学生总会交代了三件任务:一是立刻发一个电报,以江西各界民众团体名义,电请现在仍逗留在庐山的第二方面军总司令张发奎速来南昌主持大计。二是准备召开一次规模宏大的群众大会,会场布置由总工会组织,尤其要尽快搭建一个较大的主席台;要尽力发动争取更多的群众参加,做好宣传工作。三是以各界名义组织一次欢宴,对象是中央领导(指国民党中委)、各省革命领袖和起义军团长以上的干部。

次日上午,国民党革命委员会成立、委员宣誓典礼及军民庆祝大会在皇殿侧体育场举行。由于前期广泛动员,很多学生热情赶来,各业工人接踵而至,郊区农民也来了一些,还有一部分起义部队参加。参加大会群众达5万人之多,旌旗蔽日,人山人海,主席台上悬有"中国国民党革命委员会就职、军民庆祝大会"横幅,会场里歌声、军号声、口号声、欢呼声交相呼应,响彻云霄。青年学生们最为兴奋,他们交谈甚欢,绘声绘色地描述凌晨起义的壮观景象,畅谈起义的重要意义,预想起义军的目标规划。在一片热烈澎湃的掌声中,大会开始了,首先是委员宣誓就职,之后便是欢庆热闹的军民联欢表演。

与此同时,省市各界还成立了以省委、团委、工会统一领导的江西

① 《中央委员各省区特别市海外各党部代表联席会议宣言》(1927年8月1日),《南昌起义》,第20页。

民众慰劳前敌革命委员将士委员会,大力开展劳军运动。吴振鹏发动南昌青年和群众捐献 1 万余元支援起义部队。南昌市民敲锣打鼓走上街头,抬着鲜肉、鱼鸭、西瓜犒劳自己的部队,缝纫工人日夜为起义军赶制新军服。省团委、省工会分别向青年、学生、工人发出战斗号召:青年们、学生们、工人们!赶紧武装起来吧!加入军队,奔赴战场!不要畏惧,不要怯懦!冲锋陷阵,披荆斩棘!用我们的血肉保卫我们的家园!

庆祝大会开过后,张发奎不仅没有来南昌,而且与革命背道而驰,朱培德和唐生智又一起围攻南昌。形势骤变,在南昌起义的部队不能如期东征,只能挥师南下,打回广东去,重建革命根据地,候机再次北伐。8 月 4 日起,起义部队开始分批开拔。

根据这一形势变化,中共江西省委召开了全体委员、各群众团体负责人参加的会议。会上,省委书记汪泽楷作了迅速撤退的指示。[①]吴振鹏作了具体部署,除了留下少部分同志转入地下工作外,大多数的学生骨干参加南下起义部队,投身党领导下的武装斗争。[②]

汇报情况并带回指示

8 月 7 日,中共中央在汉口召开紧急会议,即八七会议。在极其险恶的环境下,会议只开了一天,讨论并通过了《中共八七会议告全党党员书》《最近农民斗争议决案》《最近职工运动议决案》《党的组织问题议决案》。

8 月底,中共江西省委发出《中共江西省委关于武汉国民政府和国民党中央党部公开勾结帝国主义进攻苏区告全省工人、农民、兵士和一般革命民众书》,宣告与国民党江西省政府决裂。

9 月初,为了明确革命的下一步方向,吴振鹏到武汉了解团中央关

---

① 参见共青团南昌市委员会编《江西文史资料选辑:南昌青年运动回忆录》,第 158 页,内部资料,1981。

② 参见共青团南昌市委员会编《江西文史资料选辑:南昌青年运动回忆录》,第 158 页,内部资料,1981。

于贯彻党的八七会议精神的计划,并代表省委向中共中央报告江西省党的工作与组织状况。[①] 他在报告中分析了江西早期党组织的性质——"不过是一研究式的团体,纯以感情结合,多系知识分子","只作点学生运动,未到群众中去,所以此时不是斗争的组织"。接着他分析北伐到江西后,党组织的发展情况——"工农运动起来,党亦开始发展,各学生同志回家,分派到各地工作,但亦只做了些上层工作,当时工作的目标只在发展组织,只注意学生群众,不到工农中去。"并指出"一直到蒋介石叛变止都只做些上层工作"。他列举存在的问题,比如许多县没有对群众进行动员,缺乏实际力量;负责同志能力较弱,宣传力度不到位,等等。紧接着吴振鹏笔锋一转,欣然写道:"但是现在江西的群众已渐渐起来了""农民很明显的有土地的要求"。之后,他在文中对江西南昌、九江、万安、吉安、赣州等地的组织人员数量及成分进行了阐述。据此指出,"此时为阶级斗争最剧烈之时,党目前的责任,是跑到群众前面去,领导群众,加紧土地革命及夺取政权的宣传,尽量的爆发游击战争"。文末,他总结道:"总之,江西群众已经起来,只要党有力量,暴动是有希望的。党与团的关系,在上层比较好,在下层则有龃龉也。"吴振鹏的这篇汇报后来发表于 1928 年 1 月 7 日的《列宁青年》,题为《江西党组织的发展和现状》。

9 月 5 日,中央在审议了江西省委的书面报告和听取了吴振鹏的口头报告之后,致函江西省委,重复指出:"南昌暴动的意义为要彻底(实行)土地革命,而与一切反动派作坚决的奋斗。革命委员会应在此事变中提出'实行土地革命','没收大地主土地','实行耕者有其田','民选革命政府','一切乡村政权归农民协会'等口号,并须在革命军势力所及地(区)实行杀土豪劣绅,杀政府官吏,杀一切反革命派。但据某同志(按即吴振鹏)的报告,革命委员会所有就职演词,布告、传单、标语,不但没有提出这些口号,甚至对反革命派也非常优容……假使确

---

① 参见中共中央组织部、中共中央党史研究室、中央档案馆编《中国共产党组织史资料》第 2 卷(中),第 1295 页,中共党史出版社,2000。

实如此(某同志末尾声明或者他记忆有错误也未可知),则革命委员会未能照着党的新政策切实去执行,是非常错误的。过去中央对于这些情形一点也不知道,前委亦始终未来一报告,你们接此信后,务必将当时革命委员会的一切措施(如传单、口号、标语、布告,对反革命派及其他各方面的详情)详细作一报告。"①另外还要求江西省委在改组之前,现有领导成员的分工应略有变更,"工农委必须有专人负责"②。

几天后,吴振鹏将中央的指示信带回了江西。9月11日,中共江西省委按照中央指示信意见开始改组,汪泽楷任书记兼组织部部长,宛希俨任宣传部部长,陈潭秋任农委主任,刘士奇任工委主任,吴振鹏任青委书记③。9月底,改组后的中共江西省委决定清理和整顿全省各地的党组织。改组后的新省委立即召集江西省委扩大会议,传达八七会议精神,并根据本省实际重新研究制定了《中共江西省委秋收暴动计划》和《江西全省秋暴煽动大纲》,决定在全省各地组织秋收暴动。省委在秋收暴动计划中,分析了江西各阶级的状况,指出了在暴动中应采取的阶级路线和斗争策略,主要任务是建立乡村农民政权、执行中央土地革命路线。省委确定暴动的起点,必须是政治经济较重要,农民运动较有基础的地方,并决定赣北以修水为起点、赣西以永新为起点、赣东以临川为起点。

在江西省委这些组织准备和思想指导下,吴振鹏加倍地工作。在他的领导下,九江、鄱阳、万安、泰和、吉安、南昌、赣州等地青年工人和青年农民对于苏维埃政权及工农暴动的意识与要求逐渐清晰。江西各地的工人罢工,正在由经济性质转向政治斗争;而各地的青年农民,也正在发动抗租、抗暴斗争,准备在工人阶级领导下完成整个江西的大暴动。江西的青年运动呈现出前所未有的新局面,团的组织没有因

---

① 参见赵朴《南昌起义与南下潮汕》,《党史研究》1985年第3期,第52页。

② 中共中央组织部、中共中央党史研究室、中央档案馆编:《中国共产党组织史资料》第2卷(中),第1295页,中共党史出版社,2000。

③ 参见中共中央组织部、中共中央党史研究室、中央档案馆编《中国共产党组织史资料》第2卷(中),第1298—1302页,中共党史出版社,2000。

反动当局的白色恐怖而减少,反而达到3000多人,各种形式的革命斗争十分活跃。其中如南昌的青年团曾深入到工厂工人中间,秘密地恢复了赤色工会组织;他们还深入附近农村演讲,鼓动成立农民协会,深受农民兄弟的欢迎。九江久兴纱厂的青年工人也曾发动罢工,预备庆祝十月革命胜利十周年。虽未成功,但是已经显示出吴振鹏所领导的青年工作的巨大成效和活跃局面,而万安的形势更好,1万多名农民协会会员参加了十月革命节庆祝大会,青年农民全副武装参加了大会,青年团的代表登台发表演说。

除了这些高涨的进步运动外,从1927年秋至1928年初夏,江西各地还爆发了20多次成规模的武装起义,是当时全国革命暴动最多的区域。而万安暴动是江西省最早爆发的大规模地方武装起义。

领导万安暴动

万安县位于江西西部,邻近井冈山。从当时全省的情况来看,领导万安暴动的万安县委是江西当时最大而且最坚强的党组织。据江西省委在1928年1月28日统计,全省大概有4000名中共党员,而万安县就有2300名,超过全省党员的一半。

万安的农运基础也非常好。南昌起义的部分队伍(教导队)路过万安时,就有人主张不到广州起义,就在万安起义。后来该部队党委认为到广州起义影响较大,便没有采纳在万安起义的意见。当时中共中央的刊物《布尔塞维克》中记载:"群众有组织的地方,以万安、泰和等处为最,遂川、赣州等处次之,万安有组织的农会有10万人,计有区农协6个,乡农协300余个。""万安县长曾电省政府谓万安四分之三成暴徒。""苏俄革命十周年纪念时,万安各区农民举行庆祝大会,农民武装到会,各区到会群众在四、五千人以上。"[①]

① 《江西工农革命之白热化》,《江西党史资料》1987年第4辑,第107页。

1927年10月，中共赣西特委在万安成立，决定在万安举行暴动，以掀起赣西革命高潮。按照中共江西省委的计划，先由万安的工农武装暴动，夺取万安政权；再由吉安、东固的农军会合泰和、永新、莲花、遂川等区农民暴动进攻县城，使万安、遂川、永新、莲花、宁冈连成一片；发动赣州城内的工人、店员与近郊的农民举行暴动，占领赣州；同时，南康、于都也发动农民暴动夺取政权，与万安、宁冈、遂川等地互相联络，形成割据西南的局面。

为此，吴振鹏和中共赣西特委代表曾延生、中共长江局代表余球、省委代表汪群等都来到万安指导暴动。10月12日，中共万安县委在罗塘乡召开全县党的活动分子会议。汪群在会上作了题为《江西政治形势和省委秋收暴动计划》的报告，要求万安在赣西地区首先暴动，夺取县城，建立苏维埃政权。

吴振鹏在会议上对八七会议主要精神作了传达，并代表团省委对暴动期间如何组织和指挥团员青年作了指导。会议决定，巩固已经恢复了的农会等革命群众组织，深入开展土地革命运动，控制全部农村，然后举行暴动，夺取万安县城。同时决定成立直属中共赣西特委领导的万安行动委员会，作为全县暴动的指挥机关，由曾天宇、余球、汪群、曾延生、吴振鹏、张世熙等人组成，曾天宇任书记。曾天宇、张世熙、肖苏民三人组成参谋部，负责策划攻城工作；吴振鹏与曾延生等人组成政工部，负责暴动行动的政治保障，包括通过党团组织发动青年农民参加暴动队伍，对暴动队伍开展政治教育和相关军事业务培训等工作。

罗塘会议后，全县各级党组织立即进行暴动的准备和动员工作。县委书记张世熙在枧头横路召开有全县各地群众代表800余人参加的政治动员大会，宣讲土地革命和苏维埃的伟大意义，号召全县人民一致行动起来，打倒土豪劣绅，攻下万安县城，建立苏维埃政权。

全县各级党组织在发动群众的同时，还积极带领群众筹备枪支弹药，收集社会上的零星枪械，并收缴国民党残敌的长短枪共100多支，此外还发动群众收集废铁，制造土枪、土炮。县委从各区、乡工农武装中选拔了一批英勇善战的战士，组成江西工农革命军第5纵队。县委还规定,凡年满 16 岁以上、45 岁以下的农会会员都编为万安工农革命军,共组织了 5 个纵队,有 1.4 万余人。纵队下分别组成大炮队、快枪队、鸟枪队、梭镖队、马刀队等,并进行短期训练。全县在潞田、沙塘坑轮训农军骨干三期,共 300 余人,为暴动培养了骨干力量。

11 月 7 日,在党、团组织领导下,万安县各区分别举行庆祝十月革命胜利的大会。农军全副武装参加,各区到会人数都在四五千以上。这是万安暴动前的一次政治动员大会,也是一次武装大检阅。从这以后,兰田、窑头、潞田、剌溪、茅坪等地的农民,在党的领导下先后举行暴动,逮捕土豪劣绅,烧毁地主的田契、典契、借据和政府的粮册。到 12 月,农民暴动势力已控制农村全部。至此,万安暴动的准备工作已经完全就绪。

从 1927 年 11 月至 1928 年 1 月,万安农军和革命群众 4 次攻打万安县城。

第一次攻城是在 1927 年 11 月中旬。国民党江西省政府派南昌市公安局局长李思愬前往赣州收编赖世璜十四军驻赣残部。他乘"美洲号"轮船由南昌溯江而上,船上押有军械、服装等物资,经过万安百嘉、罗塘等地时被巡哨农军发现,遭到拦江截击,缴枪 4 支。李思愬收编完毕后,由十四军派一连人护送回南昌,路过万安时,他想追究上次丢失军械的事情,于是派 30 余名士兵到罗塘至善小学搜查捉人。敌兵发现校内贴满了革命标语,大为惊恐,旋即赶回县城向李思愬汇报,准备第二天回赣州报信。

曾天宇和吴振鹏获悉此事后,认为可乘此良机消灭这股反动武装,夺取县城。于是在中塘召开行动委员会紧急会议,吴振鹏作了攻城的周密部署,并通知各路纵队做好攻城准备。曾天宇、张世熙、肖苏民率领参谋部由河西罗塘悄然渡江,到达设在离县城不到 10 里远的河东万寿亭。各地农军按部署分别在罗塘、三元下、九贤地区集结。当晚,2.5 万多人的农军分三路向县城进发。深夜,第三路攻城队伍首先发起攻击,打了两三个小时,直到敌人开城反击,才退到瓦屋村。这时第二路农军赶到,立即投入掩护第三路撤退的战斗。之后第一路农军也赶到,汇合二、三路军继续攻城,激战一小时,毙伤敌军百余人。可是,农军缺乏攻城经验,双方武器装备又相差很多,虽苦苦鏖战也未能攻克县城。

农军撤退后,李思愬部仓皇逃回赣州,留下1个团日夜紧闭城门,不敢出城门半步。后来,李思愬部又增加了1连兵力折回万安,加强了城防。

虽然攻城未克,但是各路农军并没有气馁,在吴振鹏等团省委领导的组织部署下,加紧操练和制造武器,准备开展第二次攻城。正在此时,中共江西省委宣传部部长宛希俨前来万安召开赣西南紧急会议,改组万安县委,取消行动委员会,改由县委直接领导。

12月8日,国民党第十四军派两个连再次护送李思愬由赣州乘船回南昌,偷偷摸摸地过了万安。万安县委预料这两连国民党军将返回赣州,便通知各路纵队做好攻城准备。

果然不出所料,24日,这两连国民党军再次经过万安想要返回赣州。当经过窑头时,被巡哨农军发现。农军随即召集25人,荷枪实弹,拦截追击。在追击中,农军一边鸣枪,一边高呼。沿途农协会员和暴动队、奋勇队闻声纷纷加入战斗行列。敌军慌忙逃入县城,闭门死守,农军用土炮、鸟枪攻打,城内敌军猛烈扫射,相持半日,农军死伤30余人,未能取胜。

12月31日,万安农军8000多人分三路第三次攻打县城。这次加强了火力配备,调集盒子枪8支、快枪50支、杂枪60支、土炮30门、土枪500支。第一路军与敌浴血奋战7小时之久,毙敌30多人,但因弹药供应不上,加上敌军援兵太多,且第二、三路军进攻受阻,被迫先后撤出战斗,未按时发起总攻击,未能破城。

此时在井冈山根据地的毛泽东得知万安农军三次攻城未克的消息后,派人送来一封热情鼓励的信,询问是否需要援助。万安县委接到信后,立即召开会议,对毛泽东的来信进行了传达研究,决定请毛泽东率部攻打遂川县城,以减轻对万安的压力。毛泽东接到万安县委的回信后,于1928年1月5日率部占领了遂川县城。

驻扎在遂川城的国民党第三军工兵连仓皇往万安逃窜,却被曾天宇率农军在横岭背打了一个漂亮的伏击战,狼狈逃进万安县城。万安县委吸取前三次攻城的经验教训,在进行思想动员的基础上,加强了攻城的力量调配,增调良口农军为第四纵队主攻南门。

1928年1月9日,万安农军和农民群众4万余人分四路纵队攻打县城,驻城守敌慑于井冈山工农革命军和万安农军的威力,慌忙分水陆两路向赣州逃窜。农军顺利占领万安县城,暴动终于取得了胜利。

万安暴动的胜利,动摇了万安乃至周边地区国民党的反动统治,狠狠打击了国民党的嚣张气焰,为广大农村开创了武装暴动建立苏维埃政权的成功典范,振奋了民心,唤醒了民意,也为广大周边地区的农民武装暴动提供了可供借鉴的经验与教训,意义深远而重大。

11日,5000多人参加的群众大会在万安县城东湖洲召开,成立了江西省第一个县级苏维埃政府——万安县工农兵苏维埃人民委员会。

在大会上,吴振鹏对江西工农青年运动做了形势分析和总结动员报告。他指出"中国革命已到了土地革命的时期"[1]。报告分析了江西各地青年工农的革命形势,比如九江地区,以久兴纱厂的青年工人为例,随着新军阀的混战,青年工人不再忍受资本家的压迫和虐待,选择与该厂的其他工人共同举行罢工,并取得了胜利;久兴纱厂的工人还决定罢工一天以纪念苏俄革命十周年,虽然后来因为反动武装的极端强迫而忍痛上工,但是青年工人对强迫上工的反抗尤为坚决;江北的青年农民表现得非常勇敢,杀死土豪劣绅地主等8人,焚毁房屋租约。鄱阳地区,农民群众十多次自动召集大会,要求共产党和青年团的代表去演讲,始终热忱诚挚地拥护革命;农民和地主豪绅因抗租问题引起斗争,屡次以群众力量战胜反动武装。万安地区,农协组织各区农民1.4万人全副武装,召开苏俄革命十周年纪念大会,高声欢

---

① 中国新民主主义青年团中央委员会办公厅编:《中国青年运动历史资料1928》,第22页,内部资料。

呼以示拥护，标语贴得满街满巷；万安农军协助泰和农民，与泰和反动势力作战，农军子弹已绝，万安的农民你一包、我一包地向前线送来。另外还有吉安、乐平、南昌、德安、赣州等地，农民已逐渐发动了抗粮、抗捐、抗租等斗争，农村中已布满了赤色的气象。

吴振鹏在报告尾声强调，江西全省的工人"对于苏维埃政权及工农暴动的意识与要求已逐渐明显了、坚决了"①。"农民群众，对土地的要求已经十分坚决；对于政权的要求也逐渐强烈起来。目前各地的工人正在做经济罢工，将来要汇合成政治斗争；各地农民正在发动各种零碎的斗争，准备在工人阶级的领导下完成整个儿的江西的大暴动！因为他们已于12月11日广州暴动中认识了政权的必要——鲜红的旗帜，将由广大工农群众的手中，插遍江西全省。"②

该报告后来发表于共青团中央机关刊物《无产青年》1928年第四期上，题为《江西的青年工农》。

万安暴动行动委员会旧址

---

① 中国新民主主义青年团中央委员会办公厅编：《中国青年运动历史资料1928》，第26页，内部资料。

② 中国新民主主义青年团中央委员会办公厅编：《中国青年运动历史资料1928》，第26页，内部资料。

痛失挚友袁玉冰

正当吴振鹏在万安指挥暴动时，他的亲密战友、好兄弟袁玉冰却不幸于 1927 年 12 月 27 日在南昌英勇牺牲。

在白色恐怖日趋加重的情况下，袁玉冰不顾个人安危，出生入死，继续坚持工作。12 月 12 日，他写了一篇《国民党果为违反三民主义而死灭吗？》发表在《布尔塞维克》杂志上，表示拥护八七会议后党中央所采取的新方针。13 日，袁玉冰化装进入南昌城，向党汇报和请示工作，被叛徒出卖，不幸被捕。袁玉冰在狱中化名为袁志仁。敌人对他软硬兼施，实施了残酷的刑罚，他始终坚贞不屈，顽强斗争，表现了一个共产党员坚守信念、视死如归的大无畏牺牲精神。27 日，袁玉冰和另外三位同志被反动派押往南昌下沙窝刑场。在囚车上，他慷慨激昂地高呼"中国共产党万岁！""工农革命成功万岁！"

被人们誉为大革命时期的"江西三杰"之一的袁玉冰，最终英勇牺牲在国民党反动派的屠刀之下。

袁玉冰英勇就义的消息传来时，吴振鹏正在和农军代表开会部署万安暴动的具体工作。他面色凝重，突然哽咽。但是他强忍着悲痛，坚持开完会议，把工作安排妥当后，静静地离开了会场。

已是深夜时分，黑寂的天空飘起了小雪，路上早已没有行人，几点幽暗的灯火在远处飘荡，像一个个幽灵。吴振鹏默默地走着，脑海里不停地浮现袁大哥的音容笑貌。幼年失去至亲、孤苦无依的痛楚再次猛然涌上心头，他又失去了一位亲人！这么多年来，袁大哥待他如兄弟一般，不仅在工作中给他指导和帮助，生活中更是无微不至地关心照顾他。在吴振鹏心里，袁大哥早已是他最亲密的家人了！想到这，吴振鹏感到一阵撕心裂肺的疼痛，脸上早已溢满了泪水。袁大哥离开了，吴振鹏失去了一个至亲至爱、相濡以沫、同舟共济的长兄和战友。

雨花台烈士传丛书
吴振鹏传

为了悼念亲爱的袁大哥，吴振鹏含泪忍痛写下了文章《悼我们的死者——袁孟冰》，字里行间表达了对袁大哥深切的缅怀之情和继续革命的坚定决心。这篇悼文后来发表在《无产青年》1928 年第四期上。全文如下：

悼我们的死者

在 1927 年 12 月 27 日下午三时，江西南昌一阵短促的枪声中，死去了我们的一个勇敢的有力的战士——袁孟冰。

他于 12 月 13 日在南昌被捕，27 日便被反动的统治者——豪绅资产阶级结束了他对中国工农革命的贡献。

全国遍地的鲜血横流中，又加上了一片血痕！

袁孟冰同志，江西人，二十五岁，于 1922 年加入共产青年团，1923 年加入中国共产党。陈光远统治江西时代，他便组织了马克思主义研究会，做共产主义与工农革命的宣传。被捕入狱，监禁一年半。1924 年他进莫斯科东方大学学习。1925 年归国，担任 C. Y. 上海地方宣传，江苏区委组织、宣传等工作。北伐军攻克江西后被派回赣，任 C. Y. 江西省委书记，后又担任江西党部工作。最近，在南昌被捕。

现在孟冰同志死了，他那种勇猛镇静的精神，是我们每个战士的模型，临刑时他一路高呼着"中国共产党万岁！""中国共产青年团万岁！""工农革命成功万岁！""打倒国民党！""杀尽一切豪绅地主资产阶级！"等口号。

孟冰死了，未死的我们，没有用眼泪哭泣他的必要。只有我们工作的猛进，才是对他唯一的追悼！我们努力吧！

第五章
肩负重任　组织罢工

当选为团中央委员

1928年1月18日，中共中央临时政治局召开会议，商讨召开六大的问题。会议决定大会召开的时间是3月底。由于蒋、汪联手大肆屠杀共产党员，全国陷入一片白色恐怖之中，很难找到一个保证安全的地方开会，因此，在开会地点上未能取得一致意见。不久，中共中央得知赤色职工国际第四次代表大会和共产国际第六次代表大会将分别于当年春天和夏天在莫斯科召开，少共国际也将在莫斯科召开第五次代表大会，考虑到届时中国共产党都会派代表团出席这几个大会，而且也迫切希望能够得到共产国际的及时指导，遂决定党的六大在莫斯科召开。同时为迅速对六大精神进行贯彻执行，并根据中共六大所制定的方针和路线,确定共青团的基本任务,争取团结更广大的劳动青年在党的周围,进一步发动青年参加工农革命斗争,帮助中共准备群众起义,推翻国民党政权,建立工农民主政权而斗争,决定在党的六大闭幕后,立即召开团的五大会议。

1928 年 4 月下旬至 5 月上旬,各省出席党的六大和团的五大的代表冒着生命危险,先后到达上海。由于国际形势严峻,通讯十分困难,交通异常险恶,又是第一次在国外召开会议,路途遥远,无力对赴会线路接站、联络、保护做长期的安排,加上党、团全国代表大会前后无缝衔接,因此,党中央要求参加党和团的大会代表同时启程,一起前往。中共中央将代表们编成若干小组,或乘苏联商船到海参崴,然后从那里过境,改乘火车赴莫斯科;或乘船去大连,在大连转乘火车到哈尔滨,再从哈尔滨北上满洲里,从那里进入苏联,然后再乘火车赴莫斯科。项英等 12 名中共江苏代表于 5 月离沪赴莫斯科,参加党的六大,部分江苏省委领导人则留在上海主持省委工作,省委书记由李富春代理,赵容(康生)负责组织工作,何孟雄负责宣传和农村工作,徐炳根为上海总工会党团书记,马玉夫为上海总工会委员长,王克全负责职工运动,吴振鹏负责共青团工作。①

1928 年 6 月 18 日至 7 月 11 日,中国共产党第六次全国代表大会在莫斯科举行。出席大会的代表共 142 人,其中有选举权的代表 84 人。大会通过了关于政治、军事、组织、苏维埃政权等一系列问题的决议,以及经过修改的党章,选举产生了新的中央委员会。大会分析了大革命失败后中国的政治经济状况,明确指出:中国仍然是一个半殖民地半封建的国家,中国革命现在阶段的性质是资产阶级民主革命;当前中国的政治形势是处于两个革命高潮之间,第一个革命浪潮已经过去,而新的浪潮还没有来到;党的总路线是争取群众,党的中心工作不是千方百计地组织暴动,而是做艰苦的群众工作,积蓄力量。这是党的

---

① 参见中共中央组织部、中共中央党史研究室、中央档案馆编《中国共产党组织史资料》第 2 卷(中),第 1214 页,中共党史出版社,2000。

工作方针的一次重要转变。

党的六大对中国革命根本问题所做的基本正确的回答，大体上统一了全党的思想，对克服党内仍然存在的浓厚的"左"的情绪，实现有关认识和工作的转变，对中国革命的恢复和发展起了积极作用。党的六大也有不足，主要是：仍然把城市工作放在中心地位，没有认识到中国革命的长期性和复杂性，没有认识到建立农村根据地在中国革命中具有特殊重要的地位；仍然把民族资产阶级看作革命的敌人，对中间派的重要作用和反动势力内部的矛盾缺乏正确的估计和应对政策。

党的六大一闭幕，中国共青团第五次全国代表大会便于 7 月 12 日至 16 日在莫斯科正式召开。出席这次会议的代表分别来自山东、四川、河南、广东、湖南、东北三省、顺直省、江苏、浙江、福建、陕西、云南 12 个地方团组织，出席会议代表总数为 46 人。

这次大会系统地总结了团四大以来的工作和经验教训，充分肯定了共青团大革命失败以后的工作。大会根据中共六大对中国形势的估计和分析，认为团的基本任务是把广大的劳动青年团结在党的周围，进一步发动他们参加民主革命，协助党建立红军，建立农村革命根据地。大会根据中共六大的路线、方针，制定和通过了政治任务、组织问题、农村青年工作、教育宣传工作、儿童运动等项决议案。在这次会议通过的《团章》上，第一次写入"本团与中国共产党的关系"一节，使得共青团作为党的助手作用得到了制度上的保证。会议选举产生了共青团第五届中央委员会。团中央全会选举了以关向应为团中央书记的新的团中央局以及团中央常务委员会，李子芬、李求实、华少锋（华岗）、吴振鹏、顾作霖为中央委员。①

① 中共中央组织部、中共中央党史研究室、中央档案馆编：《中国共产党组织史资料》第 2 卷（上），第 172 页，中共党史出版社，2000。

组织"九二"同盟大罢工

　　中国共青团第五次全国代表大会之后,吴振鹏接受组织新的安排,调到上海担任团中央学运部长,同时兼任中共江苏省委委员、团江苏省委书记等职①。为了便于掩护身份,更好地发动学生和青年力量,"上海地下组织安排吴振鹏的公开身份是圣约翰逊大学政治系二年级研究生吴静生,过一年后调升为圣约翰逊大学社会学系讲师"②。由于长期艰苦的地下工作,吴振鹏患了严重的肺病,但是他丝毫没有减弱自己的革命干劲和工作热情,依然常常往返于上海、南京之间,指导江苏地区的青年工作。

　　为了迎接9月2日国际青年节节日纪念活动,从8月下旬起,吴振鹏开始发动全省团组织做好准备工作,重点组织上海各区团组织骨干力量深入杨树浦、引翔港、闸北、沪西、浦东等工厂集中的区域举行集会,发表演说,进行组织发动,制订斗争纲领和口号,鼓动工人在9月2日实行共青团领导下的总同盟罢工。

　　这次斗争提出的17条旗帜鲜明的斗争口号,都是由吴振鹏亲自拟定的,分别是:

　　　　1. 反对帝国主义战争;

　　　　2. 打倒英、日、美帝国主义;

　　　　3. 打倒勾结帝国主义屠杀民众的国民党;

　　　　4. 打倒资本家豪绅地主;

　　　　5. 反对国民党军阀战争;

　　　　6. 打倒资本家及国民党的走狗工会;

---

　　① 参见中共江苏省委组织部、中共江苏省委党史工作办公室、江苏省档案馆编《中国共产党江苏省组织史资料1922.春—1987.10》,第124页,中共党史出版社,2014。

　　② 曹峰峻:《红灯永远照亮中国》,第199页,江苏凤凰文艺出版社,2018。

7. 组织工人自己的工会；

8. 增加青工童工的工资；

9. 不许打骂开除青工童工、罚工资及调戏女工；

10. 青年工人工作六小时；

11. 言论、出版、集会、结社、罢工、抗租自由；

12. 反对豪绅资产阶级的白色屠杀；

13. 为死难先烈复仇；

14. 工农兵苏维埃政权万岁；

15. 全世界被压迫青年联合万岁；

16. 共产青年团万岁；

17. 国际青年日万岁。

这些口号既反映全体工人的共同利益，也涵盖青年工人自己特殊的政治、经济的利益要求，因此这次罢工斗争带有明显的接受共青团指导的特色。

9月2日上午9时20分，上海各工厂、各参加单位在党团骨干组织带领下正式举行纪念"九二"国际青年节总同盟罢工。各区、各工厂的劳动童子团，先举行了检阅式，严肃聆听了中国共产主义青年团的演讲，完毕后，高呼悲壮的口号，唱着《少年先锋歌》，浩浩荡荡汇入南京路的示威罢工队伍中；接着就是工会群众和青工集合大会的举行。

9时半，青年工人的示威游行在漫天的传单和响亮的口号声中举行了。南京路上的浙江路至福建路一带，聚集着成千上万的工人，街道上顿时传单飞舞如雨，口号狂呼震天，各路童子军响彻云霄的声浪从四面八方海啸般地向市区翻涌而来。到了中午，整个上海淹没在罢工的人山声海中，城市仿佛是一座即将崩裂喷薄的火山，时时爆发出工人的怒吼。

但是，镇压行动很快开始了。原来帝国主义势力和国民党反动派已经获悉"九二"纪念活动消息。他们蓄意部署措施，严加防范，并开始对事先已经暴露的筹备罢工人员进行逮捕。当天上午，示威游行正式开始后,巡捕房的大队人马和反动派军警闻讯如虎如狼而至,来势汹汹地将南京路包围起来。

在吴振鹏的指挥下,示威游行的工人队伍与军警巡捕勇敢地对峙。但冲在前面的游行队伍中还是有人被巡捕打伤了。面对如此境况,吴振鹏随即又机智地指挥游行大队转到福建路、广州路口,准备突出包围。可是外国陆战队又调动坦克、装甲车,阻断了游行队伍的前进路线。情绪高涨的示威群众面对帝国主义反动派在自己领土上的霸道行为,英勇无畏,坚决斗争。他们迈着坚定的步伐,用震天的声音压倒了坦克的轰鸣;他们冲锋陷阵,隔断了坦克和装甲车,以此遮挡住指挥人员的视线,让其手足无措,难以调度。

吴振鹏继续指挥着,重整被打乱的队伍,由青年团员打头阵,冲破敌人的封锁线。他们继续高唱国际歌,高呼着口号,走向外滩。队伍在推进的过程中,不断有新队员从交叉路口汇入人流,很快各个方向的队伍如滚雪球一样向市中心涌来。

帝国主义势力和国民党反动派大惊失色,吹起了他们的哨子,操起他们的棍子和枪刺,立即扑向口号传来的地方。

此时吴振鹏带领指挥部的核心领导已经来到了总同盟罢工示威的中心区——外滩电报大楼与海关大楼之间以及南京路、福州路交叉区,并向罢工前敌指挥部发出"罢工总攻"的命令。

顿时,外滩的高楼上几十万张罢工传单倾泻而下,洋洋洒洒,随风狂舞,纷飞而下……

传单上标题醒目,内容明确地提出了上海青年工人的总要求,分为十四条政治要求,即:

1. 青年工人有集会、结社、言论、出版、罢工之绝对自由;

2. 反对资本家及国民党御用的工整会;

3. 工人自己组织真正代表工人利益的工会;

4. 反对工贼、走狗、警察、包探等破坏工人之组织及斗争;

5. 反对国民党帮助资本家压迫工人的斗争;

6. 反对国民党屠杀革命工人及一切革命分子；

7. 反对反革命的豪绅资产阶级的国民党政府；

8. 反对帝国主义对华的进攻；

9. 反对帝国主义的战争；

10. 反对国民党军阀的新战争；

11. 反对帝国主义对苏俄的进攻；

12. 工农兵武装暴动；

13. 推翻豪绅资产阶级的政权；

14. 建立工农兵——苏维埃政权。

另外还有 13 条经济、待遇、教育、娱乐及卫生要求，并主张"建立代表工农利益的工农兵苏维埃政府的组织"，号召全上海的青年工友们：来，团结在本团的周围，举起我们的拳头，为我们自己痛苦的解除而奋斗！

这次同盟大罢工，不但规模大、持续时间长，而且除提出经济、待遇、教育、娱乐与卫生等 32 条属于正常劳动利益范畴的要求，其他所提出的口号、政治要求已经完全超出一般罢工维护合法利益要求，其运动性质也由一般劳动罢工演变成一场无产阶级与帝国主义资本家和反动走狗之间的政治斗争运动。

这次同盟大罢工是"五卅"以后，上海工人阶级一次规模最大的斗争，也是全国青年为实现团的五大提出的共青团要努力发动青年工农为争取本身利益而斗争，迎接新的革命高潮的决议所进行的一系列斗争中的一次高潮。[①]

关于这次罢工，吴振鹏后来特地撰写了一篇记载罢工全过程的文章《国际青年日的上海青年工人》。他在文中称："上海工人阶级，自济南惨案后，斗争便日益发展，经过国际青年节，益发鼓舞起他们的革命情绪，使他们更认清了自己力量的伟大，使他们更认清了他们的敌人

① 郭必强：《吴振鹏传略》，《江西青运史研究》1989 年第 1 期，第 31 页。

和友人,使他们更认清了他们的出路,使他们更认清了国民党和共产党及共产青年团!——尤其是上海的青年工人!英勇的上海青年工人,用他的坚[艰]苦的毅力和雄壮的勇气,开辟了中国革命史青年工人的光荣的篇幅,他将要领导全国的革命青年,在列宁主义的领导下,完成他们历史的使命!"①这篇文章后来发表在1928年10月22日出版的团中央机关刊物《列宁青年》第一卷第一期上。

此时,王履冰结束了莫斯科的留学生活,秘密来到上海。根据党组织的要求和指示,她化名为王忆子,担任闸北区团委书记②,全身心投入革命理论出版、传播、宣传等进步活动中。

---

① 中国新民主主义青年团中央委员会办公厅编:《中国青年运动历史资料1928》,第249—254页,内部资料。

② 中共中央组织部、中共中央党史研究室、中央档案馆编:《中国共产党组织史资料》第2卷(中),第1283页,中共党史出版社,2000。

第六章

再接再厉　砥砺前行

指导成立香港青年反帝大同盟

　　1929 年 4 月中旬，中共南京地方组织第四次遭到破坏。市委书记黄瑞生等 30 多名同志因叛徒出卖被捕，各级组织损失惨重。江苏省委紧急派吴振鹏前往南京协助恢复市委地下组织。

　　吴振鹏临危受命，在腥风血雨中艰难地打开局面。白天，他以洽谈生意为名，乔扮客商，机敏地在工人、学生、自由职业者和国民党军校学员中摸情况，找关系，建立感情，进行宣传；晚上，他便将搜集到的信息情报仔细研究，认真分析南京党组织状况，改组支部，争取有效解决党员革命斗志衰退问题，及党员干部中普遍存在的急躁情绪和右倾投降倾向问题。经过吴振鹏的努力，南京市委得以恢复，他回到上海后，夏采曦、王文彬等先后任中共南京市委书记。

在上海，因为工作需要，吴振鹏和王履冰的联系逐渐密切起来。他们促膝长谈，共同探索革命的真理；时常书信联系，彼此坚定革命的信仰。他们互相信任、学习进步，两颗年轻又炽热的心，逐渐交融在一起。

1929 年 7 月，吴振鹏以中央代表身份前往香港指导工作。此时的香港和全国大多数城市一样，正处于帝国主义的魔掌中，惨遭蹂躏和践踏。整个社会动荡不安，人民生活艰难，日日处在水深火热之中。

香港的青年工人们更是悲惨地生活在社会底层。他们在资本家、工头重重压迫剥削下，在困苦惨痛的情况中挣扎，过着非人的生活。不论刮风下雨，清晨五点天刚蒙蒙亮，青工们就要起身，潦草快速地刷牙洗脸。六点铃声响了后，青工们摸摸干瘪的裤口袋，飞快地赶到街上吃碗白粥。稀淡的白粥在肚子里打转，咕噜噜地响着。肚里填不满几分，便就要急忙拖着前一天还没有恢复的疲惫的双腿，三步并作两步到工厂去。如果迟到三四分钟，就会被要求索性休息一天，不要上工了，铁闸是根本不讲情面的。工厂开工了，汽笛响了，机器也转了，这些睡眼惺忪、半饿不饱的青工们，有的在机器旁，有的在火炉边，有的拿着铁锤，有的用着铁铲……在那里吃力地为资本家、工头们赚钱而劳作。

不仅这些，青工们在工厂内，仿佛是犯了罪而判做苦工的犯人一样，一面坐牢，一面苦役。汽笛响后，根本没有片刻休息。如果渴了、饿了，想喝碗茶，就只能偷偷地用手捧自来水喝到半饱。可是那些水都是冰冷的，工人们喝太多就会腹泻，却不敢多去厕所，因为工头看到，一定会打骂或者惩罚他们。于是青工们只能强忍着。有时候也会因工作太过辛苦，便假装以解手为由，趁机去厕所休息一会。所以，厕所常常是青工们休息、畅谈、吸烟的场合。臭气冲天的厕所，平常人都是唯恐避之不及，可是对工人们而言，简直就是俱乐部。那些屎尿味，他们也是"久闻而不知其臭"。

吴振鹏早已通过报纸、书刊了解到香港青年工人如此惨淡的境况，得知自己即将参加 7 月 25 日的香港青年工人的代表大会，他便结合当前的国内外形势、社会问题、革命任务等，撰写发言稿。"一定要将工人们动员起来！团结起来！让群众积极参与到反帝运动当中去！"吴振鹏对此次大会满怀期待。

大会是在香港赤色工人代表会组织之下举行的，到会的代表共有30多人。香港所有重要生产部门的青年工人及手工业的青年工人均有代表参加，太平洋航线的海员青年工人，也有代表到会。

大会一致决议反对帝国主义者与国民党进攻苏联，要武装保护苏联，反对第二次世界大战，反对中国的新军阀战争。一致决议号召全香港青年工人参加8月1日的国际赤色日的总示威。大会充分讨论了香港青年工人运动的方针，确定了目前香港青年工人要求纲领，并提交香港工人代表会审查与执行。

大会更致电全国的青年工农兵士及一切被压迫的青年群众，致电苏联的青年弟兄，致电中国苏维埃区域中的青年弟兄和红军。

在青年工人代表大会过程中，香港工代会发展了几十个青年会员；机器工会下的青年工人群众，有几十个从反动组织下转到工代会的领导下。很多青年工人在工代会的领导下，组成了青年工人的组织，很多青年工人的自发组织，加入了工代会或转入工代会的领导下。

大会决议发表告香港青年工人书，说明青年工人的痛苦，青年工人反对战争、拥护苏联的意义和任务，代表大会的意义，并号召全香港青年工人一致团结于香港工人代表大会之下，为自身的解放，为整个被压迫民众的解放而斗争。

大会决议成立香港青年反帝大同盟，作为香港青年群众反帝运动的指导机关和组织，以集中香港青年的反帝力量和推进香港青年的反帝运动。

大会即将结束时，吴振鹏代表少共国际组织和团中央部署香港青年反帝大同盟未来需要进行的七大任务：

1. 号召香港青年群众参加"八一"的示威运动；
2. 积极准备国际青年赤色日——"九一"的示威运动；

3. 扩大本身组织基础，扩大在青年群众中的反帝影响；

4. 积极帮到广州、广西、南洋等地的青年群众，成立与发展各地的青年反帝大同盟；

5. 准备全省青年反帝大会之召集，并与上海青年反帝大同盟共同准备全国青年反帝大会之召集；

6. 出版定期刊物，进行反帝的宣传与鼓动；

7. 号召各种青年群众反帝的群众会议，进行反帝运动。

会议接近尾声的时候，吴振鹏面对成千上万情绪高涨的香港进步青年，用热情坚定的口吻鼓励青年们要不惧苦难、不畏艰险、勇往直前、绝不放弃。

这次青工代表大会使香港的青年工人认识了组织的必要与力量，认识了自身重大的历史任务。大会统一和确定了香港青年工人运动的路线和计划，规定了香港工人目前斗争的总纲领，推进了香港青年工人的斗争，推进了香港青年工人革命化的过程！

吴振鹏回到上海后，在《列宁青年》的第一卷第二十二期上发表了《最近香港青年工人之活动（香港通信）》[1]，对此次香港青年工人代表大会进行了记述。

回到上海不久，吴振鹏受组织委派，接替李富春担任中共上海法南区书记。

参加全国苏维埃区域代表大会

中共六大提出：为了巩固红军和革命根据地，一定要建立地方苏维埃政权。之后，中国革命运动开始了新的转机，尤其是受大革命影响

---

① 中国共产主义青年团中央委员会办公厅编：《中国青年运动历史资料 1929（7 月—12 月）》，第 147—149 页，内部资料。

较深的南方几个省区，革命形势日趋高涨。到 1930 年上半年，在湘、鄂、赣、闽、粤、皖等省有 18 个区域共 127 县成立了拥有 1400 多万群众的苏维埃政权；全国红军已扩展到 14 个军近 10 万人；农民土地革命不断深入与扩大；全国工人罢工浪潮此起彼伏；反动军队的兵变现象与日俱增。在新的革命高潮面前，根据共产国际指示，受"左"倾错误统治的党中央提出，当时有建立集中的最高政权组织即中央苏维埃政权的任务，作为党当时的中心任务，提到全党工作的议事日程上来。

为了完成这一中心任务，1930 年 2 月 4 日，中共中央发布第 68 号通告《关于召集全国苏维埃区域代表大会》，提出了召开全国苏维埃区域代表大会的任务和号召。随后，中共中央和中华全国总工会联合成立了大会筹备处；各革命团体纷纷发表宣言，热烈拥护和响应大会的召开。

吴振鹏为此感到振奋不已，他特地撰写了文章《拥护全国苏维埃大会》，满腔豪情地呼吁："全国苏维埃代表大会，在革命狂潮的局势之下行将开幕了，这对于劳苦青年群众是有多么大的特殊意义啊！谁都知道青年劳苦群众是比任何人都痛苦，都悲惨，因而他们的斗争情绪表现得异常的高涨，特别的热诚，在历来的革命斗争中，劳苦青年都是站在最前线，所以劳苦青年群众对于这一有伟大政治意义的大会，是更加重了当前的迫切任务。必须勇敢的积极的热烈的动员全体青年劳苦群众在苏维埃的旗帜之下，组织并扩大青年斗争，推动和促进整个斗争而配合一切斗争的领导，举行大规模的示威运动，参加政治罢工、同盟罢工、地方暴动、兵变与青年投身红军……为全国苏维埃政权而战！为'争自由'，'要饭吃'，'要土地'的口号而战啊！"①这篇振聋发聩的文章后来发表于《列宁青年》第二卷第十期。

苏维埃区域代表大会筹备、报到和召开期间，吴振鹏组织、指导上海青年团骨干参与大会的相关筹备、接待和会务工作。

---

① 中国共产主义青年团中央委员会办公厅编：《中国青年运动历史资料 1930（1 月—6 月）》，第 338—344 页，内部资料。

经过 3 个月的悉心准备和布置安排，全国苏维埃区域代表大会于5 月在上海召开。会议分为两个阶段进行。5 月 5 日至 10 日举行预备会议，出席代表 57 人。会议听取了政治报告、关于职工运动与全国工人斗争趋势的报告、关于农民运动的报告、关于红军的报告、关于苏维埃的报告、关于土地法劳动法令的报告、关于反对帝国主义反对国民党的报告等。代表们对上述报告进行了充分的讨论，并初步通过了有关各项决议草案，为正式会议作了必要的具体的准备。

正式会议于 5 月 20 日举行，大会代表共 48 人（此外尚有七八个代表于闭幕后才到），除了中国共产党、全国总工会、中国共产青年团的代表外，全国 7 万以上的红军，湖北、广东、江西、湖南、福建、广西、河南、安徽、浙江等省的苏维埃区域，上海工联会、香港工代会、广州工代会、全国铁路总工会、武汉赤色工会、唐山赤色工会和各革命团体都有代表参加。

大会讨论通过了《全国苏维埃区域代表大会宣言》和《目前革命形势与苏维埃区域的任务》《苏维埃的组织法》《劳动保护法》《暂行土地法令》《红军及武装农民扩大计划》等重要决议。大会主席团决定于 1930年 11 月 7 日举行第一次全国工农兵贫民苏维埃大会，建立全国工农兵贫民政府。后因全力准备第一次反"围剿"，未能按预定日期举行。

大会的决议、宣言和其他文件共 27 件。因为时间关系，与会代表只能将政治决案、暂行土地法令、暂行劳动法令、红军问题决议案及大会的总宣言作详细的讨论。每一位代表对于每一件决议的报告，都全神贯注地分析研讨，并提出最全面最细致最实际的意见。特别是对于政治决议案，经过了 20 小时以上的报告和讨论，每一位代表都参与了发言，很多代表甚至作了 3 次以上的发言。在讨论的过程中，各代表痛斥了取消派、改组派等一切右倾分子的反革命性质和弊病。大会热烈而透彻的讨论，充分展现了全国革命群众接受共产党的领导，为全国苏维埃政权胜利而作战的热忱和豪情！

吴振鹏作为团中央代表，在会上做了发言。他谈到了全国青年的生存状态，以及要求革命并争取为全国苏维埃胜利而战的决心。他慷慨激昂地说道,在中国革命根本矛盾日益尖锐的现在,在中国劳动群众生活日益陷入悲惨境地的现在,全国青年的生活条件更加惨淡不堪。特别是生产合理化与民族工业破产的结果,使广大的青年工人在机器的转动下受着资本家的最高度的榨取。农村经济的恐慌,使广大青年农民更遭受着失业;流离的青年死亡于枪林弹雨之中;军国主义、"爱国主义"的麻醉剂,正大量注射进青年的脑中;青年更遭受了最大程度的残酷的白色恐怖。对此,中国青年工农兵士及一切青年劳苦群众,更加迫切地要求革命、要求组织!在显明的政治斗争的旗帜下,一致为争取全国苏维埃的胜利而战!因而在一切革命斗争中,青年无时不是在斗争的最前线!(红军中青年占 50％以上,赤色先锋队中青年至少占半数,少年先锋队英勇地参加作战,少年先锋队和童子团的组织有 10 万以上的人数等,便是最明显的例证。)

他谈到了青年斗争工作中存在的不足并分析原因。他语重心长地指出,我们要在布尔什维克的自我批评精神之下,来检查我们的弱点,寻求原因。克服这些弱点,使青年群众在争取全国苏维埃政权之胜利的斗争中,更表现他伟大的战斗作用,执行他伟大的历史使命。首先,我们看到青年群众在斗争中还未能充分地起他应有的作用。在工人阶级的政治罢工同盟罢工和准备总同盟罢工中,在红军的猛烈扩大中,在苏维埃区域的发展中,表现的力量还很弱,还非常的不够。甚至在某些部分和某些地方,因为工作路线的错误,妨碍了正确的策略路线的执行。其次,是组织工作的薄弱。现在全国青年有组织的有一百五十万以上,特别是城市中青年工人的组织更为薄弱,而且对这些有组织的青年群众,正确的领导非常缺乏。这些弱点,主要的是由于几个原因所造的:1. 小资产阶级的清谈倾向,富农路线和农民的错误意识——右倾。这些阻碍着青年群众对正确的工作路线之执行。2. 对青年工作忽视和对青年问题欠缺正确的了解,以致忽视或取消了青年工作。如上海在"五一"准备中忽视青工罢工,赣西南、鄂东北解散少年先锋队,赣北停止童子团的活动,红军第四军中的党部取消共产青年团的组织等。

对此，吴振鹏掷地有声地强调，我们要来克服这些弱点，首先必须做到：1. 坚决地与清谈倾向、富农路线及农民的错误意识作战。不能肃清右倾，便不能充分地执行正确的工作路线。2. 对忽视青年工作、取消青年工作的倾向作战，正确地去了解青年工作的重要和青年工作的正确路线。3. 目前青年工作的总路线是争取全国苏维埃政权的胜利，争取青年的特殊利益。接着，吴振鹏部署了青年当前必须执行的具体工作。

吴振鹏发言完毕后，现场响起了经久不息的掌声，更有不少青年站了起来，振臂高呼："打倒军阀！""打倒帝国主义！""中国革命万岁！"会场的气氛在一片汹涌的呐喊声中被推向了高潮。吴振鹏看到义愤填膺的青年们昂扬的斗志和坚定的决心，感动得湿了眼眶。

后来吴振鹏将他的发言报告整理成文章《全国苏维埃区域代表大会的经过与青年问题》，发表在《列宁青年》第二卷第十四期上。[①]

会议结束的当天晚上，吴振鹏召集上海党团骨干，部署了细致周密的出沪计划和措施，将代表们分批护送出沪，踏上归途，顺利凯旋。

苏维埃全国区域代表大会为中华全国苏维埃第一次代表大会的召开做了必要的准备。但大会关于形势、任务、策略、政策的分析、主张和规定，全面贯彻执行了李立三"左"倾冒险错误，给党在实际工作中造成很大的损害。会议结束后，李立三就立即委派吴振鹏以江苏省行动委员会身份前往南京组织红五月行动委员会，并策动五卅纪念暴动，举行罢工、罢课、罢市、罢岗、罢操的"五罢"斗争。

领导南京暴动

1929 至 1930 年，国内国际形势发生了一些重要变化。在国内，国

[①] 参见中国共产主义青年团中央委员会办公厅编《中国青年运动历史资料 1930（1 月—6 月）》，第 617—624 页，内部资料。

民党内部矛盾进一步激化,中央与地方派系之间争权夺利,先后发生了蒋桂战争、中原大战、湘鄂桂边战争等混战,削弱了军阀自身的力量。在国际上,1929 年资本主义世界爆发的经济危机,使一些发达资本主义国家内部的工人运动和群众斗争蓬勃发展,世界革命进入一个新的高潮。

与此同时,共产国际多次向中共中央发来含有"左"倾错误主张的指示信和决议案。10 月 26 日,共产国际来信,它断言"中国进到了深刻的全国危机的时期","现在已经可以并且应当准备群众,去实行革命的推翻地主资产阶级联盟的政权,而建立苏维埃形式的工农独裁,积极地开展着并且日益扩大着阶级斗争的革命方式。"指示信还认为,"盲动主义的错误,已经大致纠正过来"。

在这样的指导方针下,"左"倾思想日益发展起来,李立三等同志头脑开始发热。在 1929 年 11 月中共江苏省第二次代表大会上,李立三等认为中国革命已到了"直接革命的形势",因此党必须采取进攻的路线。李立三要求在敌我力量悬殊的南京、南通等城市迅速进行暴动。这种盲动思想遭到周恩来与何孟雄同志的反对。周恩来说:"在江苏省的代表大会上我曾说明这一问题,所谓新的革命高潮与直接革命形势是不同的,现在已经有了新的高潮,但还不是直接革命形势。"何孟雄认为,革命形势只是"开始复兴",而"不是成熟复兴",因此党的策略应该是"准备进攻的路线"而不是"直接进攻的路线"。当时不同意见的斗争是尖锐的,但由于多数代表认识水平有限,接受了李立三的"左"倾观点,会议确定了江苏党的总路线是"准备地方暴动"的"进攻路线"。①

1930 年 2 月至 4 月,和记蛋厂罢工斗争异常激烈,使得李立三对这种形势有了更为夸张的估计,他认为南京工人运动已经激烈到可以直接搞武装暴动的程度了,南京的军队有我党的影响,所以武装暴动是有可能的。但这一主张遭到周恩来等人的反对。但是,周恩来去莫斯科后,李立三就变本加厉地推行他的"左"倾观点,先后两次命令南京

---

① 参见中共江苏省二大《政治决议案》。

立即举行武装暴动。

5 月 16 日，南京市委根据省委部署，合并党、团、工会，成立南京红五月行动委员会，纲领是组织政治罢工，同盟罢工，组织地方暴动，组织兵变，并准备全国暴动。6 月 11 日，在李立三主持下，中共中央政治局通过了《新的革命高潮与一省或几省首先胜利》，李立三"左"倾冒险错误在党的领导机关取得了统治地位，会后李立三等人计划在上海、南京等中心城市举行总罢工、总起义。

7 月 14 日，中共江苏省委将省委与共青团江苏省委、上海工联负责人组成江苏省总行动委员会（简称省总行委），作为全省各地总暴动和总同盟罢工的最高指挥机关，同时保留江苏省委名义。省总行委辖江苏、上海和浙江、安徽部分地区党组织或行动委员会。[①] 李立三亲自兼任江苏省总行委书记，吴振鹏、罗迈、何孟雄、徐锡根、陈云等为总行委委员。吴振鹏在省总行委还担任了主席团成员、青年秘书处书记等职。[②] 李济平任南京行委书记。

7 月 23 日，南京市委发出第三号通告，要求建立并迅速扩大工农武装队伍（包括赤色先锋队、工人纠察队），一个月内要发展到 4000 人。结果原统计已有数百名工人的武装，实际上只有浦口几十名赤色先锋队员，计划根本无法实现。

7 月 27 日，红军占领长沙后，李立三命令南京立即组织武装暴动，并派中央军委干部曾中生来南京指挥。随即又派吴振鹏为中央代表，来南京督战。[③]

吴振鹏来到南京，此时仍然积极推行"左"倾冒险错误。曾中生则不赞同，他跟吴振鹏说："我来南京这段时间，经过调查了解，觉得现在发动暴动的条件并不具备。组织不健全，党员也不多，兵运更不得力。

---

① 参见中共江苏省委组织部、中共江苏省委党史工作办公室、江苏省档案馆编《中国共产党江苏省组织史资料（1922.春～1987.10)》，第 78 页，中共党史出版社，2014。

② 参见中共江苏省委组织部、中共江苏省委党史工作办公室、江苏省档案馆编《中国共产党江苏省组织史资料（1922.春～1987.10)》，第 79 页，中共党史出版社，2014。

③ 参见中共南京市委党史工作办公室编《南京人民革命史》，第 121 页，南京出版社，2005。

即使学兵营起义，也是孤军作战，要夺取整个南京城是做不到的。除非把队伍拉出去，否则只有被敌人吃掉。"前来督战的吴振鹏听完后认为，曾中生的分析并不正确，有点片面。他说："南京市委组织几经破坏却又能快速重建，市委大旗仍然高举，这怎么能说党员不够，组织不健全了？"曾中生听后说："你也说了，市委组织几经破坏，那你为何不想想这又是什么原因呢？"吴振鹏则认为："南京是反动派的军事政治中心，相较于其他地方，反动派为了破坏我们的力量，会无所不用其极。虽然南京市委现在没有找到突破口，但是并不能就说明组织不健全，工作不得力！"经过一番激烈的争论后，彼此都不能说服对方，于是决定直接实事求是地向省委报告。结果省委批评曾中生思想右倾，对形势估计不足。

根据上级部署，市行委决定8月1日举行暴动，以学兵营枪声为信号，暴动队伍兵分三路，一路攻打国民政府，一路攻打银行，一路攻打军事仓库。由于传单、标语满天飞，敌人到处侦察盯梢，市委多处机关被搜查，兵暴未成，党的地下组织反而暴露，遭到严重破坏。

面对这种种情况，吴振鹏只能宣布停止行动，然后匆匆前往上海向中央汇报。李立三得知情况后，暴跳如雷。李立三的设想是：武汉暴动、南京暴动和上海总同盟罢工爆发，将引起全国暴动的发生，届时苏联和蒙古可以出兵，将西伯利亚数十万中国工人迅速武装起来，支持中国革命。这样一来，日本会很快向苏联进攻，引起世界大战，而中国革命就会在世界革命高潮中取得胜利。如今兵暴尚未开始就胎死腹中，其愤怒的心情可想而知。

李立三不愿放弃，还要继续蛮干。于是8月中旬，他在上海小世界饭店召开了一场布置全国13个城市暴动的秘密会议。会上，他批评南京的同志不懂客观与主观力量的关系，是右倾机会主义。李立三还提出了一些极端性的口号，如"每个同志每天发展一个党员，一个星期内发展六七百党员""每个党员发展一个工人先锋队员"①等等。接着，又

① 参见江苏省行委第23次主席团会议记录，1930年8月17日。

派中央总行委委员徐锡根到南京指挥暴动。

南京市委按上级布置,准备 8 月底第二次发动暴动,要求浦口、浦镇的党员破坏铁路,午夜 2 点听到城内枪声,则立即过江攻占铁道部。但是暴动仍未发动起来,浦口铁路工人党员砍倒了几根电线杆,从浦口到三汊河贴上了许多标语,上面写的是:"打倒国民党!""共产党万岁!""欢迎红十四军!"敌人开始疯狂地搜捕共产党人,幸存下来的浦口地区党组织又遭严重破坏。

南京暴动终究成了泡影,从 7 月至 10 月,南京有 5 个支部全部或大部分被破坏。7 月初,全市有 200 多名党员,32 个支部;11 月统计只剩 47 名党员,8 个支部,有近百名党团员牺牲。这已经是南京党组织第六次被破坏了。

吴振鹏此时已经开始意识到"全面开展全国城市暴动计划"的盲动性和冒险性,通过他亲自组织并督战的几次暴动以及全省相继暴动都遭到敌人疯狂镇压造成重大损失的事实,他觉得"立三路线"是有问题的。

吴振鹏和曾中生为此去问徐锡根,总路线是否有错误,徐解释说:"这是技术上的错误。"①这个回答并不能让吴振鹏满意。后来他又向李立三提出了"搞南京暴动是否是总路线有错误"的问题,结果遭到李立三的当场斥责。这场争论一直持续到党的六届三中全会纠正"左"倾冒险错误为止。②

---

① 参见江苏省行委第 36 次主席团会议记录,1930 年 9 月。
② 参见中共南京市委党史资料征集编研委员会、南京雨花台烈士陵园管理处编《南京英烈》第 1 辑,第 296 页,南京工学院出版社,1987。

第七章

纠正错误 继续奋战

在六届三中全会作报告

李立三的"左"倾冒险错误使党和革命事业遭受严重的损失。在国民党统治区，党的许多秘密组织如满洲、顺直、河南、山西等十几个省委的机关先后被破坏，武汉、南京等城市的党组织几乎全部瓦解。

这段时间的政治局面使吴振鹏非常痛苦。曾经无数次面临困难，遭遇危险，都未曾令吴振鹏犹豫和畏惧，如今他的思想却跌入了低谷，他感到无比的纠结和煎熬。这种对路线和自我的质疑，作为从来就是革命信念的坚定拥护者、前沿冲锋者来说，是一种折磨。他起初是多么相信共产国际的指导，多么尊重李立三的权威领导，相信革命的形势如"立三路线"所分析的那样有利，他甚至为此还跟曾中生激烈争辩。

结果,血与泪的事实就摆在他的面前,虽然他顿悟了,但是却造成了无法挽回的代价⋯⋯

这段时间,吴振鹏白天工作,依旧打起精神,保持昂扬斗志,可是也常常不自觉地失神叹息。一到夜晚,他就辗转反侧,难以入眠,他总是起身,一个人徘徊在湖边、弄堂小道里,他的内心充斥着彷徨、无奈、悔恨和愧疚。

终于,吴振鹏病倒了,他的身体本来就虚弱,再加之精神折磨,他真的是身心憔悴,疲惫不堪。但是吴振鹏选择隐瞒病情,他一边坚持抱病工作,一边悄悄去医院治疗。

这期间,李立三的"左"倾冒险错误已经受到共产国际的批评和指责。1930 年 6 月至 9 月这 4 个月内,共产国际和中共中央政治局对中国革命的根本问题有过较长时间的争论。根据共产国际指示,瞿秋白、周恩来回国纠正李立三的"左"倾错误。

1930 年 9 月 24 日至 28 日,在瞿秋白、周恩来的主持下,中国共产党在上海召开了扩大的六届三中全会。吴振鹏作为党团代表出席了此次会议。①

会上,吴振鹏代表团中央作了《组织问题中青年团代表的副报告》,报告指出:"行委在党内的组织是不适当的,应当立即恢复党、团的独立系统与工会的经常工作。要求党和团的组织军事化更是不适当的。"他指出:"中国共产青年团的工作必须转变——由狭小的团队工作范围转变到青年群众工作去!由青年群众斗争的尾巴转变为青年群众斗争的领导者!"

六届三中全会通过的决议,批评李立三等对帝国主义和国民党反动统治崩溃的形势作了不切实际的估量,对革命形势发展的速度和革命力量的现状作了过高的估量,对不平衡发展的规律观察不清,不重视建立巩固的根据地和扩大红军,忽视对大城市和产业中心区更广大

---

① 参见中共中央组织部、中共中央党史研究室、中央档案馆编《中国共产党组织史资料》第 2 卷(上),第 49 页,中共党史出版社,2000。

群众的发展和组织。李立三在会上作了自我批评，承认错误，接着便离开中央领导岗位。

六届三中全会的召开解开了郁积在吴振鹏内心的困惑，他坦然承认之前的错误，重新振作起来。他认识到：革命的道路是曲折的，但是前途是光明的，作为一名革命青年，要敢于直面自己的错误，善于总结经验教训，在愈挫愈勇、不断审视自我的过程中，逐步成长为一名纯粹的、坚毅的革命勇士。

领导南京市委恢复工作

根据中共中央 1930 年 9 月 4 日关于恢复各级党、团、工会独立领导机关和组织系统的决定精神，江苏省总行委停止活动，恢复中共江苏省委正常工作。10 月初，根据中央决定，中共江苏省委又改建为中共江南省委，并自上而下地恢复各级党、团、工会的独立组织机构和正常工作。中共江南省委属中共中央领导，管辖江苏、上海、安徽、浙江党的组织。10 月 5 日，中共江南省委召开第一次常委会，传达、贯彻中共六届三中全会精神。会上还讨论决定省委常委分工和工作机构的设置。李维汉任书记，常委委员包括李维汉、陈云、王克全、夏采曦、任作民、沈先定、陈绍禹（即王明）、吴振鹏。10 月中旬，中共江南省委召开扩大会议，通过《江南党的任务和策略决议案——接受国际指示与三中全会扩大会议之决议和精神》等决议。会议还总结江苏省第二次党代表大会以来的工作。12 月 22 日，吴振鹏被调离江南省委，担任中共中央巡视员。①

1931 年 1 月 7 日，中共六届四中全会在上海召开，这次会议是在共产国际代表米夫的操纵下召开的。会上不断发生激烈的争论，米夫多次使用不正常的组织手段控制会议的进程。王明作了长篇发言，指

---

① 参见张皖生《著名青运领袖吴振鹏事迹述略》，《安徽史学》1989 年第 2 期，第 74 页。

责六届三中全会继续"立三路线",点名批评瞿秋白,宣称必须从思想上、政治上、组织上全面彻底改造党。六届四中全会后,中央的领导权实际上由得到米夫全力支持的王明所操纵,开始了以王明为代表的"左"倾教条主义错误在党中央长达4年的统治,给中国革命造成了极为严重的危害。

1月21日,因叛徒出卖,中共南京市委又一次遭到破坏,市委书记恽雨棠和夫人李文当夜在家中被捕,不久,市委另一位负责人、江苏省委发行部部长、南京市委代理书记曹瑛也遭国民党逮捕。除曹瑛被互济会营救出狱,恽雨棠夫妇于2月7日晚和林育南、何孟雄、李求实等24名共产党相关负责人被秘密杀害于上海龙华。因此,中央决定委派并指示新成立的中共江苏省委全力协助吴振鹏前往南京临时领导市委工作。

吴振鹏来到南京后,以圣约翰大学副教授作为公开身份,并在南京地下组织的安排下,以来中央大学交流讲课的名义作掩护秘密进行市委恢复工作。在南京和中央大学地下党员的组织下,利用中央大学举行研讨交流的机会,秘密组织新市委班子人员传达六届四中全会精神,深刻批判"立三路线"。他号召,全国工农在"争自由""争土地""要饭吃"的口号下,参加政治罢工、同盟罢工、地方暴动、策动兵变。号召进步青少年加入赤色工会、农协、雇农工会、青年团、少年先锋队、童子团,积极参加红军,加入纠察队,发展苏维埃区域。

不料,由于叛徒告密,吴振鹏不幸被捕,被押送至南京宪兵司令部看守所。王履冰得知这一消息后,心急如焚,她突然想起自己的小叔叔与北洋军阀张作霖有交情,立即请他帮忙通融。[①] 吴振鹏在看守所里,饱受敌人的酷刑,但是他坚贞不屈,丝毫没有吐露半句党的秘密,敌人终究没有找到任何证据。后来通过党组织缴纳保释金,吴振鹏获得释放。

吴振鹏虽然被释放了,但是他遍体鳞伤,加上肺病复发,身体状况

---

① 参见黄若萌《那一段国史与家史交错》,《三联生活周刊》2009年第22期。

非常糟糕，几乎卧床不起。中央对他的身体十分关心，指示江苏省委指派专人护送并负责吴振鹏住院治疗，同时指示江苏省委和中央特科落实相关安保措施，保证他的人身安全。

吴振鹏在医院治疗这段时间，王履冰几乎每天都去探望他。王履冰用自己省吃俭用攒下来的钱，精心准备饭菜，给吴振鹏补充营养。这次化险为夷让两个人确定彼此的心意与感情，他们是因觉悟而革命，又是因革命而相爱。他们作为革命者，都早已在内心决定时刻为党的事业献出自己的一切；作为青年人，彼此愿意为以革命理想为基础的纯粹爱情牵手并共赴艰危。

半月许，吴振鹏的伤势、病情得到好转，身体也在慢慢恢复。出院后，吴振鹏便向中央要求恢复工作，请示与王履冰结婚。党中央批准了他的申请，并祝福这对革命情深的新婚夫妻。

遭遇重创毫不退缩

1931 年，吴振鹏被组织调往哈尔滨，参加团满洲省委的工作。① 就在他满怀热情和憧憬，刚刚熟悉工作情况时，便听到了来自团中央、团江苏省委的惊人消息：顾顺章叛变了。

1931 年 4 月 24 日，曾任中共六届中央政治局委员、中央特科负责人的顾顺章，在武汉被国民党特务逮捕后当即叛变，并供出中共驻武汉的地下交通机关，使得机关全部遭到破坏。潜伏在南京中统特务机关的中共地下党员钱壮飞，译出顾顺章被捕叛变的电报后，迅即派人赶到上海向中共中央报警。

虽然中央特科书记陈云等人当机立断采取一系列拯救措施，但是顾顺章的叛变仍然对中共造成史无前例的惨重打击和破坏，他供出的党的机密，导致了 800 多名共产党员被捕。当时他凭借手中掌握的共

① 参见郭必强《吴振鹏传略》，《江西青运史研究》1989 年第 1 期，第 32 页。

产党的大量机密，要求立即解往南京，面见蒋介石。4 月 27 日，他被押解到南京后，旋即指认、出卖了原本有望营救成功的恽代英。

吴振鹏得知消息后大为震惊，他回想起与顾顺章接触、共事的片段。1930 年 7 月 14 日，他们都曾被任命为省总行委主席团成员。他们同时参加了在上海召开的扩大的中共六届三中全会，并被任命为主席团成员。这样一个看似和蔼亲切、真诚友善的人，竟然怀揣一颗令人发指的虎狼之心；曾经满口"革命""主义"的人，面对敌人竟然直接缴械投降，不作丝毫抗争。吴振鹏想到自己的妻子王履冰还在上海，他焦急万分，却又无可奈何。他此时不能和王履冰有任何通信往来，通信可能会暴露更多的地下同志。吴振鹏只能继续工作，坚忍地等待着。身体的劳累和内心的煎熬使他旧病复发，身体每况愈下。

顾顺章叛变，革命形势岌岌可危，中共中央为了保护向忠发，紧急通知他迅速搬家，结果他竟然因舍不得情妇，逗留于上海。6 月 22 日，向忠发被国民党特务逮捕，随即叛变。

由于顾顺章、向忠发的叛变，中共地下组织惨遭破坏，许多同志时时处于躲藏、蛰伏、被追杀状态，上海的地下工作很难继续隐蔽开展，大部分联络点、交通线被敌人破获，城市的工作已经极难开展。共青团组织连续遭到大的破坏，以至牵连到党的领导机关，临时中央已经无法在上海立足，中共中央因此决定迁往江西。

由于日本帝国主义变本加厉的镇压，东北的形势变得十分严峻，党组织考虑到吴振鹏的身体状况和家庭情况，于是将他调回上海领导青年工作。

1931 年下半年，吴振鹏夫妇二人终于团聚在一起，此时的团江苏省委也经过调整，王履冰出任秘书长。于是，王履冰一边协助吴振鹏开展工作，恢复被破坏的团组织，一边在生活中悉心照料他，关怀备至。

1932 年 5 月，中央机关撤往苏区，根据 1931 年《中央巡视条例》规定，吴振鹏作为中央巡视员，是中央对各地党部考察和指导工作的全权代表，对中央须负绝对的责任，在巡视地方党部时，须表示自己是忠实的领导者，生活必须下层化，经济必须节省，做一般同志的模范。他主要负责巡视江苏、上海、安徽、浙江等地。

在险恶的环境中，吴振鹏毫不退缩，坚持和敌人顽强斗争。他不单单以巡视员的身份进行了深入细致的调研，而且冒着巨大的风险参与了革命实践，走在革命斗争的第一线。他积极领导宣传工作，在剧院散发传单；他及时纠正工作方向，传达中央精神；他认真仔细全面地搜集各地斗争情况，一边巡视记录一边撰写报告用于向中央汇报，并在《列宁青年》《红旗日报》等党团机关报刊上发表。内容涉及对青工罢工斗争、武装暴动的记述，对苏维埃代表大会、苏区青年任务工作的介绍，对少年先锋团与童子团工作的指导，以及对团内右倾、"左"倾错误的抨击等各方面。巡视工作虽然辛苦，但每次发现问题、提出建议，都增强了吴振鹏的革命信心。在巡视中，吴振鹏始终保持对党的建设发展高度负责的态度，勤勉尽责，始终以很高的标准要求自己。

可是，繁重艰辛又高度危险的工作，加上长期得不到休息和营养，吴振鹏的肺病在不断加重。他经常咳血，却总是默不作声。王履冰看着她心爱的丈夫日渐消瘦与憔悴，经常背地里偷偷抹眼泪。她自然知道时间紧迫、形势逼人，可是为人妻的她心里依然舍不得。有时看见吴振鹏太过疲乏，她便温柔地劝说他稍加休息，可是吴振鹏总是坚持工作，因为他一想起顾顺章的叛变给党带来的惨重打击和破坏，便感到后怕；一想到倒在血泊中的党员同志们，他又振奋精神，充满斗志。他的身体每况愈下，他的时间更是宝贵。他要与生命赛跑，只要还有一丝力气他就会坚持，只要他还有一口气他就要工作……

第八章

壮烈牺牲　永垂不朽

因叛徒出卖被捕入狱

1931 年 6 月,向忠发被捕叛变后,王明调中央工作,不再兼任江苏省委书记。王明离职时选王云程接任江苏省委书记。王明和王云程主持的中共江苏省委,在敌强我弱的江苏地区推行比李立三时期更"左"的冒险主义,加上关门主义,给党和革命事业带来了严重后果。同时,国民党特务机关积极推行"自首政策",利用叛徒进行追捕、指认、诱降、迫降等活动,致使江苏地下党遭受的破坏日益严重。1932 年,曾在中共中央、团中央、全总和中共江苏省委担任过领导职务的徐锡根、黄平、余飞、徐炳根、袁炳辉等人相继被捕叛变,在上海的团中央和江苏省委机关连续遭受极大的破坏。

此时的王履冰仍然担任团江苏省委秘书长，与袁炳辉等人有紧密的工作联系，他们的叛变致使王履冰随时可能被抓捕。迫不得已，吴振鹏夫妇只得迅速转移，很快他们的旧住所遭到搜查，联络点也被破坏了。

形势越发恶化险峻，每天都有地下人员被逮捕、牺牲或叛变。吴振鹏不停地撤离转移，每天都高度紧张，时刻警惕外面的动向。在这样极度压迫的环境中，吴振鹏依然葆有共产党人无比坚定的信念，坚持不折不扣地完成党交给他的任务。拮据的生活只能让他勉强度日，更别谈补充营养了。吴振鹏的肺病迅速恶化，他几度因吐血不止昏倒在地，但是醒来后依然不听劝阻坚持按时执行中央巡视工作。

他的内心始终坚持着对共产主义的崇高信仰，澎湃着对新世界的渴望。在新的世界，中国再也不会靠割地赔款受辱乞和，真正实现了独立自由和繁荣富强；在新的世界，中华民族再也不会遭受列强践踏蹂躏，摆脱了殖民统治，真正获得了独立和解放；在新的世界，广大劳动人民不再遭受地主和资本家的剥削与奴役，他们站了起来，真正成了国家的主人！当他得知王履冰已有身孕，一个新的小生命即将诞生，他内心的这份渴望变得更加强烈。他多么希望他的孩子、千千万万个中国的孩子都能在这样幸福快乐的新世界里茁壮成长！

1933年，吴振鹏结束对浙江、江苏、安徽三省党的地下组织建设和武装斗争情况巡视后回到上海，不久，叛徒就向敌人告发了他的住处。5月17日的深夜，嵩山路法租界巡捕和国民党警察在法租界贝勒路57号美丰洗衣店楼上设下了埋伏。外出归来的吴振鹏刚回到家，就被特务和巡捕团团围住，巡捕和反动军警在他家搜出了大批中共党团刊物、文件，旋即将他们夫妻俩押往法租界巡捕房。

惨遭酷刑宁死不屈

在敌人的法庭上，吴振鹏与敌法官展开了机智的斗争，他只承认自己是因病休学的圣约翰大学的学生，名叫吴静生，所搜物品均为一朋友寄存家中的，同时，他坚持本案应在租界内审判，反对移到上海公安局。可是，由于几名叛徒当庭指认他就是吴振鹏，蛮横的法官判决将他移解到国民党上海市公安局审理。不久又以重大案件为由将吴振鹏转押到南京。

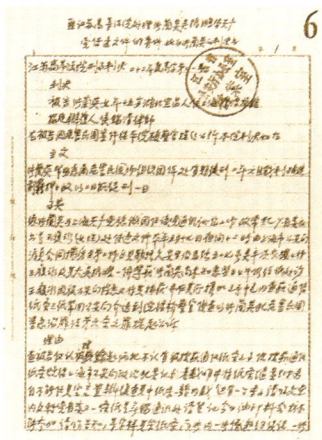

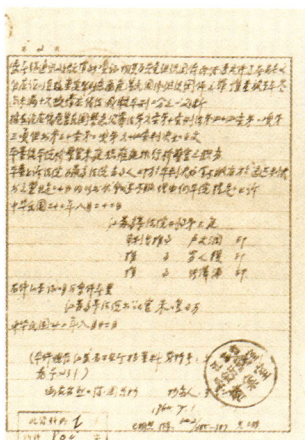

国民党江苏高等法院对张兰英的判决书，涉及吴振鹏被捕情况（手抄件）

吴振鹏被关押在南京首都宪兵司令部看守所里。该看守所靠近秦淮河，设在瞻园路的东花园（又名适园）内。最初只有几间平房，1932年进行了拆除扩建。看守所的政治犯案均由国民党中央党部过问，后转军法处处理。为了迫使共产党人就范，看守所采用了各种卑鄙的伎俩：名利的诱惑、死亡的威胁、惨毒的刑讯、疯狂的屠杀。政治犯如不就范，其结果不是长期关进监狱，就是被杀害于雨花台。

看守所司令官对吴振鹏开展了几天几夜的严酷审讯，坚定不移的吴振鹏以重病之躯顽强抵抗，未吐露一句让对方想听的话。

从 6 月 5 日开始，吴振鹏病情加剧，每天都要遭受轮番审讯，不得休息，居住与饮食的条件越发恶劣，必要的治疗药品也得不到保障。经过连续几天的咳血，吴振鹏已经无法站立，然而这才只是开始，惨无人道的酷刑接踵而至。

吊鞭刑、老虎凳、电椅刑、水刑（灌辣椒水、煤油）、棍刑（棍击前胸后背），甚至竹签钉进十指……面对这些惨无人道的酷刑，吴振鹏没有发出一丝痛苦的声息，无论多么残酷、多么疼痛，他都异常平静，坚强地忍受着，并还以轻蔑的微笑，令特务们不寒而栗。

不仅如此，特务们对囚禁在另一个地方的王履冰进行威逼利诱，企图使她就范。特务们拿出王履冰曾经的同事、领导的"自首书"，并将他们"自首"过后的"美好幸福生活"以图片、文字形式一一向她展示。他们得知王履冰已经怀有身孕，便诱骗她，只要她"自首"，吴振鹏就可以免受刑法，重获自由，孩子也能安全保住。当特务们觉得王履冰在他们诱骗下思想已经动摇时，他们有意让她去看望吴振鹏，想以此摧毁她的意志。

王履冰隔着铁门，看到躺在地下无法动弹的吴振鹏时，心如刀绞，哽咽着无法说出话来。

特务在门外叫嚣着："哎！有人来看你了！"吴振鹏隐约听见叫唤声，他侧过头，挣扎着抬了抬眼，眼睑上凝结的鲜血让他视线模糊，他微微张开嘴，却又无力地合上了。

王履冰再也忍不住了，她泪如雨下，号啕大哭。

令人心碎的哭声惊醒了吴振鹏，他拖着伤残的双腿，爬向墙边，吃力地顺着墙，慢慢坐起，后仰着脖子靠着墙，睥睨着门外的特务。突然，他看到了门外泪流满面的王履冰，他的心颤抖了一下。门外不仅有他的爱人、他的革命伙伴，更有他的孩子。顷刻间，吴振鹏的双眼噙满了泪水，眼神里透露出一股坚毅和温柔。

吴振鹏着急地蹙起了眉头，示意王履冰赶紧离开这恐怖幽暗的牢狱。他无法开口说话，但是多年的革命情谊与默契，让他的思想全写在了紧蹙的眉眼间和颤动的面颊上。吴振鹏是孤儿，少年时期，没有父母的呵护和关爱，他饱受歧视和凌辱；长大后，没有父母的牵挂和叮嘱，他常常觉得身似浮萍，无依无靠。他不能让尚未出生的孩子和他一样，还在襁褓中就失去双亲。王履冰读懂了他的意思：坚强保重、照顾好孩子。于是她悲痛地咬着双唇，闭上双眼，转身在监狱潮湿腥臭的过道上蹒跚离开。王履冰知道吴振鹏作为丈夫的厚爱和固执，更懂得他作为革命战士的坚持和执着。

吴振鹏知道自己的身份已完全暴露，因此对国民党法官任何形式的审讯都置之不理。面对敌人的无耻诱逼，他义正词严，予以斥责。尽管他患有严重的晚期肺结核病，但仍坚持狱中斗争。由于敌人严刑拷打和极其恶劣的监狱生活，1933 年 6 月 14 日，吴振鹏在狱中壮烈牺牲，年仅 27 岁。

不久，吴振鹏的亲人得到通知，在中华门外雨花台梅岭岗区域找到了吴振鹏的遗体。

革命精神永垂不朽

吴振鹏牺牲 23 天后，一个聪明可爱的女婴呱呱坠地。她纯真的眼睛里充满了对世界的好奇。亲人看到活泼伶俐的小女婴时，甚是欣慰却又感到惋惜——孩子失去了爸爸。小女婴渐渐长大，更是可爱聪慧，可是每每看到别的小朋友可以骑在爸爸的肩膀上玩耍，她明亮的大眼睛却又顿时黯淡了，她的心里满是羡慕和疑惑。小女孩当时住在外婆家，经常问舅父和姨母："为什么别的小朋友都有爸爸，而我却没有呢？"舅父和姨母听着，内心充满了难言的苦楚，他们只能安慰小女孩："你的爸爸到天堂去了，那里比我们这儿好。"天真烂漫的小女孩不知道天堂在哪儿，只能每天搬个小板凳，坐在家门口，翘首以盼，等待爸爸回来，可是怎么也等不到。

一直到了小女孩三岁的时候，家里人把她带到了雨花台，满眼望去，尽是荒山、孤坟，极其凄惨破败。长辈们悲伤地告诉小女孩："小鹏啊，你的爸爸就躺在这里。"可怜的小女孩懵懵懂懂，以为爸爸真的是"睡"在了那里，于是跪在爸爸的墓前，小小的身躯蜷缩着，哭喊着："爸爸，你怎么躺在这里啊？和我一起回家吧！"寂静的山冈回荡着孩子连绵的哭啼声，令人心碎。

随着小女孩渐渐长大，她开始明白长辈们口中的"睡着了"的真正含义，她知道父亲是不会回来了，她再也见不到父亲了。她时常向家里人问起父亲的情况，姨母眼里充满苦楚，告诉她："小鹏，你的爸爸是个好人。他为了帮穷苦人民翻身过上好日子，一生都在四处奔波，费心操劳。你爸爸很伟大。"坚强懂事的小女孩睁着大眼睛，若有所悟地点了点头。

王行，吴振鹏烈士的遗腹女。年幼的王行站在门口等待父亲归来　　年幼的王行在父亲的墓前悼念追思

在小女孩十岁那年，一天，家中表兄拿出一封书信，郑重地交到了她的手中，意味深长地对她说："小鹏，你也长大了，这封书信，家里人让我替你保存多年，是时候让你知道了。"小女孩疑惑又惊讶地拆开略微陈旧的书信，年幼的她还不能完全看懂，但她看到了两个字——"爸爸"。顿时，她的眼眶湿润了，她哽咽道："爸爸……是爸爸……"

表兄擦了擦小女孩脸上的泪水，心疼地说："小鹏，这是你爸爸写给你的遗书。他先写了一封信给你舅父，已是筋疲力尽。他牺牲前一天的凌晨，硬是挣扎着又给你写了一封。十年前，家里人去雨花台找你父亲的时候，在他的内衣口袋里发现两封书信，应该是同情他的看守悄悄塞进衣服里的。"表兄哽咽地顿了顿，接着说："当时书信沾满了血迹，纸又薄又破，家里人怕毁坏，让我又抄录了一份。这几年，重庆一直大轰炸，那份血书原件已经被炸毁了，幸好留下了这份抄件。现在你已经

106

雨花台烈士传丛书
吴振鹏传

长大了，也识得点字了，我们觉得应该转交给你。这也是你父亲留给你的唯一遗物。"

小女孩静静地听完后，早已泪流满面，她抽泣道："诗维表兄，您能念给我听听吗？我想知道爸爸给我说了什么？"表兄拿过信件，逐字念给小女孩听，当他念到"当你有一天真正长大了，我相信你一定会感知父亲从来没有离开过你，父亲就站在你身后时刻在为你鼓劲，为你祝福"时，小女孩已经泣不成声……

在往后的岁月里，小女孩一直将这份抄录的遗书视为珍宝，经常一遍遍地背诵、抄录，仿佛看见了父亲吴振鹏就站在自己的眼前，微笑着对她说："亲爱的孩子，感谢你在我即将离去的时候，勇敢地来到这个不平的世间，用你的美丽延续父亲执着的灵魂，演绎一段没有结尾的生命传奇，并在将来的成长中自觉地用共产主义伟大理想来验证生命的承诺！"

2015 年，由中共江苏省委宣传部策划，江苏省作协组织作家创作出版的《雨花忠魂》——雨花英烈系列纪实文学丛书"项目正式启动，旨在创作出版以表现南京雨花台烈士光辉事迹和崇高精神为主要内容的大型文学精品丛书。随后，江苏省广电总台期刊总编辑、著名作家曹峰峻坚守"传承与弘扬雨花英烈精神"的初心，沿着吴振鹏一生的活动足迹寻访安庆、上海、合肥、南昌、瑞金多地，开始对人物原型进行文学性的还原与事实纪实性的创作。

在搜集史料的过程中，曹峰峻奔赴四川乐山，重点采访了王行。彼时的王行虽是耄耋之年，但对父亲吴振鹏烈士的事迹记忆犹新。在采访过程中，为了更加全面、真实、生动地展现吴振鹏光荣伟大的革命一生，王行将保存几十年的所有资料，复印后悉数交给曹峰峻。2018 年11 月，曹峰峻创作的《红灯永远照亮中国——吴振鹏烈士传》正式出版发行。全书十三章计 26 万字，全景式再现了吴振鹏烈士伟大一生的光辉历程，并将吴振鹏家书公之于世。

首次公开的吴振鹏家书引起了巨大反响。2021 年清明期间，中央广播电视总台《新闻联播》节目在《人民不会忘记》专题播出了《吴振鹏：

用你的美丽延续父亲执着的灵魂》，重点讲述了吴振鹏经受酷刑顽强不屈，"在最后一次审讯前，他写下了给自己即将出生的孩子的一封家书。里面充满了一位父亲对孩子的眷恋、对未来的憧憬以及视死如归的革命精神。"6 月，中共南京市委宣传部、中国期刊协会党刊分会指导，南京雨花台烈士陵园管理局、《金陵瞭望》杂志社等单位联合举办的"寻英烈足迹、探初心之源——百年传承·百地寻访·百媒联动"活动走进四川，特意前往乐山探望王行，倾听吴振鹏烈士珍贵家书背后的感人故事。11 月 27 日，《新华日报》的"重温红色故事 汲取奋进力量"专栏刊登了文章《吴振鹏：绝笔家书闪耀信仰之光》。2022 年清明期间，中央电视台《国家记忆》栏目《绝笔》（第二季）开播，其中一集《青春之歌》讲述了吴振鹏的故事，王行在接受栏目组采访时，又一次讲述了那份珍贵的家书。

王行讲述父亲吴振鹏的革命事迹

　　伟大的青运先驱吴振鹏已经离开我们 89 年了，他为了共产主义理想，为了新中国的成立，英勇顽强、舍生忘死，在革命的险途中一往直前、视死如归。他是为信仰而战的真正猛士！他短暂而伟大的一生诠释了共产党人的崇高理想信念、高尚道德情操、为民牺牲的大无畏精神。

主要参考文献

1. 中共安徽省委党史研究室.中国共产党安徽地方史.第1卷.安徽人民出版社,2000

2. 中共安庆市委党史研究室.中国共产党安庆地方史.上卷.中共党史出版社,2001

3. 王开玉,杨森.安庆史话.安徽人民出版社,1981

4. 曹峰峻.红灯永远照亮中国.江苏凤凰文艺出版社,2018

5. 中共安徽省委党史工作委员会.中共安徽党史大事记(1919—1949).安徽人民出版社,1992

6. 郭必强.吴振鹏传略.《江西青运史研究》1989年第1期

7. 王行.从照片上认识了父亲——纪念吴振鹏烈士诞辰110周年.《南京党史》2016年第6期

8. 中共安庆市委党史办公室.第一次国共合作在安徽.中央文献出版社,1993

9. 黎衍宜.安庆第一师范团的活动情况.安庆文史资料.第 2 辑,1989

10. 中共中央组织部,中共中央党史研究室,中央档案馆.中国共产党组织史资料.第 1 卷.中共党史出版社,2000

11. 中共上海市委党史研究室.中国共产党上海史(1920—1949).上册.上海人民出版社,1999

12. 中共南京市委党史资料征集编研委员会,南京雨花台烈士陵园管理处.南京英烈.第 1 辑.南京工学院出版社,1987

13. 中共江西省委党史资料征集委员会.江西党史资料第三十辑:袁玉冰专集.中央文献出版社,1994

14. 胡卓然.谢文锦传.江苏人民出版社,2016

15. 中共上海市委党史研究室.1921—1933:中共中央在上海.中共党史出版社,2006

16. 中国共产主义青年团中央委员会办公厅编.中国青年运动历史资料 1930(1 月—6 月).内部资料,1981

17. 中国中共党史学会.中国共产党历史重要会议辞典.中共党史出版社,党建读物出版社,2019

18. 中共中央党史研究室.中国共产党历史.第 1 卷(1921—1949).上册.中共党史出版社,2011

19. 沈建中.上海工人三次武装起义述略.《党的文献》1997 年第 2 期

20. 中共九江市委党史工作办公室.九江人民革命史.新华出版社,2010

21. 中共江西省委党史研究室.中国共产党江西历史简编 1921—2003.江西人民出版,2003

22. 中共中央党史研究室.中国共产党的九十年(新民主主义革命时期).中共党史出版社,党建读物出版社,2016

23. 中共武汉市委党史研究室.中国共产党武汉史(1919—1949).湖北人民出版社,1999

24. 叶学丽.在革命的重要关头坚定不移紧跟共产党　共青团第

四次全国代表大会.《视野》2015年第4期

25. 李玉琦.中国共青团史稿(精编).中国青年出版社,2012

26. 中国新民主主义青年团中央委员会办公厅.中国青年运动历史资料1926—1927.内部资料,1981

27. 共青团南昌市委员会.江西文史资料选辑:南昌青年运动回忆录.内部资料,1981

28. 刘小花.江西的红色革命刊物——《红灯》周刊背后的故事.《党史文苑》2012年第13期

29. 雨花台烈士陵园管理局.雨花英烈文集.南京出版社,2016

30. 刘伯承.南昌暴动始末记(摘要).南昌起义(资料选辑).中共中央党校出版社,1981

31. 蒋二明.南昌起义中的安徽人.《党史纵览》2007年第8期

32. 中央档案馆.南昌起义.中共中央党校出版社,1981

33. 中共中央组织部,中共中央党史研究室,中央档案馆.中国共产党组织史资料.第2卷(中).中共党史出版社,2000

34. 赵朴.南昌起义与南下潮汕.《党史研究》1985年第3期

35. 王永华.江西苏维埃革命的信号——万安暴动历史地位述评.《赣南师范学院学报》2009年第2期

36. 熊坤静.叶剑英在广州起义前后.《党史文汇》2007年第11期

37. 王阿寿.江西苏维埃革命的信号——万安暴动.《党史资料研究》2000年第12期

38. 李一凡.我在苏联的风雨历程.《纵横》2002年第11期

39. 许凤霜.二十世纪二十年代留苏教育研究.华南师范大学硕士论文,2009

40. 张希.20世纪20年代留苏运动及其影响的历史考察.江苏师范大学硕士论文,2018

41. 中共江苏省委组织部,中共江苏省委党史工作办公室,江苏省档案馆.中国共产党江苏省组织史资料(1922.春—1987.10).中共党史出版社,2014

42. 中国共产主义青年团中央委员会办公厅.中国青年运动历史

资料 1929(7月—12月).内部资料,1981

43. 中共南京市委党史工作办公室.南京人民革命史.南京出版社,2005

44. 张皖生.著名青运领袖吴振鹏事迹述略.《安徽史学》1989年第2期

45. 黄若萌.那一段国史与家史交错.《三联生活周刊》2009年第22期

46. 共青团上海市委青运史研究室.上海青运史资料.内部资料,1985

47. 中共江苏省委党史工作办公室,中共南京市委党史工作办公室,雨花台烈士陵园管理局.雨花魂.中共党史出版社,2015

48. 中共南京市委党史办公室,雨花台烈士纪念馆.铁窗岁月——共产党人在南京狱中的斗争(1927—1937).东南大学出版社,1992

49. 中共杨树浦区委办公室,中共杨树浦区委党史资料征集办公室,上海市杨树浦区档案局(馆).中共沪东地区党史大事记(1919.5—1949.5),1990

50. 上海市杨浦区史志编纂办公室等.烈火青春——1921—1937沪东共青团革命斗争简史.内部资料,2004

51. 杨者圣.特工老板徐恩曾.上海人民出版社,1997

52. 中共上海市杨树浦区委组织部,中共杨树浦区委党史资料征集办公室,中共杨树浦区档案馆.中国共产党上海市杨浦区组织史资料(1923.7—1987.10).学林出版社,1991

53. 胡勇,隋雪丽,杨翰林.民国时期江南地区苦儿院初探(1912—1937).《东方论坛》2018年第2期

后　记

　　2014 年 12 月，习近平总书记在江苏考察时指出："在雨花台留下姓名的烈士就有 1519 名。他们的事迹展示了共产党人的崇高理想信念、高尚道德情操、为民牺牲的大无畏精神。要注意用好用活丰富的党史资源，使之成为激励人民不断开拓前进的强大精神力量。"为了贯彻落实习总书记考察江苏讲话精神和江苏省委要求，铭记革命先烈，弘扬革命精神，服务社会主义核心价值观建设，促进文化建设上新台阶，根据江苏省委宣传部的统一安排，由江苏省委党史工作办公室、南京市委宣传部、南京市委党史工作办公室和南京雨花台烈士陵园管理局等单位联合编纂《雨花台烈士传丛书》。《吴振鹏传》是其中之一。

　　笔者有幸担任《吴振鹏传》的撰稿人，深感使命光荣。接到编写任务之前，笔者曾阅读烈士女儿王行在《南京党史》2016 年第 6 期发表的文章《从照片上认识了父亲——纪念吴振鹏烈士诞辰 110 周年》，对烈士的生平事迹有了初步的认识；在编写过程中，通过走访烈士故乡、到档案馆查找相关历史文献、参阅烈士战友的回忆录,对烈士的生平有了比较完整的了解;在与王行联系并请教后,对烈士在险恶环境中忠诚于理想和信仰的精神有了更深切的认识,更被烈士的崇高理想信念、高尚道德情操、为民牺牲的大无畏精神深深感动。

鲁迅在《记念刘和珍君》中写道:"真的猛士,敢于直面惨淡的人生,敢于正视淋漓的鲜血。"在编写《吴振鹏传》的过程中,我深切感受到吴振鹏正是这样的猛士:年少丧双亲,饱尝世间酸苦,埋下为解救人民而努力斗争的信念种子;求学值革命,接受信仰洗礼,成长为身经百战的运动领袖;革命遇低潮,无惧腥风血雨,锤炼为信仰坚定的忠诚革命者;巡视陷囹圄,惨遭酷刑,宁死不屈,成为为信仰而付出一切的献身者。

早在 20 世纪 80 年代,南京市委党史办、雨花台烈士纪念馆、安庆市委党史办等单位就开展了吴振鹏烈士生平研究并多次编写出版过传记,本书是在前人大量的资料工作、研究工作的基础上编写而成的,蒋晓星、徐彦、吴斌为本书搜集、提供了大量资料,特别是郭必强的《吴振鹏传略》和曹峰峻的《红灯永远照亮中国——吴振鹏烈士传》,为本书许多章节提供了基础资料和史料线索。本书写作过程中,得到中国第二历史档案馆、中共江苏省委党史工作办公室、中共安徽省委党史研究院、安庆市委党史和地方志研究室、南京市档案馆、雨花台烈士陵园管理局等多家单位的鼎力相助。

最后,要特别感谢烈士的亲属,尤其是王行的大力支持,给笔者提供了丰富翔实的文字素材和影像资料。王行虽已是耄耋之年,但仍然不辞辛劳、孜孜不倦,与其子女一起奔走在传承和弘扬革命精神的宣讲第一线,令笔者感佩!

由于笔者水平所限,加之资料、时间等因素的制约,不足之处在所难免,有待各方指正。

作　者
2022 年 5 月